SURVIVANTE

HERTA BEUGRE

Édition originale publiée en français sous le titre :

SURVIVANTE

Copyright © 2023 Herta BEUGRE

Révision et mise en page : Shammah Éditions

Couverture : Laurent Ekoume

Dépôt légal : 3e Trimestre 2023

ISBN : 979-8-8560904-8-1

TABLE DES MATIÈRES

1

MON ENFANCE

Je suis Darcy et je rêve de petits bonhommes qui me disent des choses. Je vois. Je ne suis ni voyante ni voyeuse, mais il m'arrive de voir pas mal de choses. Parfois, il m'arrive de voir ma grand-mère qui n'est plus. Je vois des personnes que je ne connais même pas. Je suis par-dessus tout une personne normale comme ceux autour de moi.

Mes moments familiaux sont agréables. Papa n'était pas souvent présent. Cependant, sa présence me laissait toujours dans des extases enfantines. Le bonheur de la figure paternelle laisse une émotion difficile à décrire. Le bruit de la voiture, c'est mon père qui fait son entrée. Il ramène comme d'habitude des friandises. Quand ma mère est au travail, je passe du temps avec la dame de maison, ma nounou. Ce bruit particulier de moteur me tirait de la sieste et je courais vers lui. Nous avions nos petites conversations qui commençaient depuis ses premiers pas à la maison. C'était la coutume chaque mercredi quand il n'y avait pas école.

Un jour, papa m'a annoncé que nous irions chez mes frères. Tout heureuse de rencontrer mes frères, j'avais du mal à cacher la lueur de joie qui me parcourait le corps et illuminait mes yeux. Plus tard, ma joie s'est quelque peu estompée. Ce n'était pas la même ambiance. Je n'avais pas ma nourriture à moi et maman me manquait beaucoup. Les visites chez mes frères se multipliaient. Petit à petit, il me semblait que je m'accommodais à une nouveauté qui s'installait.

Un jour, mon père et ma mère se sont disputés longuement. Je n'y comprenais rien. Et arriva ce qui devait changer le cours de toute une vie. Je devais rester définitivement chez mes frères. C'en était fini des gâteries. Je devais penser à oublier ce que c'étaient les frites au poulet. Je devais manger dans la même assiette avec les autres. Nous mangions à même le sol. Contrairement à mes habitudes, les repas à table ne nous concernaient pas. J'étais déconnectée de mon environnement. Je n'y comprenais rien. Tout s'est passé aussi vite. Dans l'intervalle, papa m'a inscrite dans une nouvelle école. Le choc semblait m'avoir mise sous silence. Je ne parlais presque plus.

Par un grand hasard, comme il arrive aux enfants de mon âge, quelle que soit leur situation, je me suis fait des compagnons de jeu dans le nouveau quartier. Se sont-ils approchés de moi ? Sans aucun doute. Nous avions l'habitude de jouer les après-midis. Un jour pendant qu'on jouait, j'ai revu les petits bonshommes de rêve.

- Que faites-vous ici ? Je ne rêve pas non ? — leur demandai-je.

- Ta copine fera un accident — répondit-il. Un autre de rajouter : empêche-la d'aller à l'école demain.

- Comment je lui dis cela ?

- Débrouille-toi.

Je croyais que c'était une hallucination. Nous avons continué à jouer sans que je n'y prête plus d'attention. La nuit tombée, nous sommes rentrées chacune chez soi préparer la journée de demain. Le lendemain, ce fut une journée normale d'école. J'ai laissé mon amie aller à l'école. Sur le chemin de retour en fin d'après-midi, à quelques pas de la maison, les parents se hâtaient à contresens. Ils partaient chez ma copine de jeu. Je me mis alors sur leurs talons. En arrivant, nous avons appris que mon amie a été victime d'un accident. En entrant, je suis restée figée par la scène de désarroi. Malgré les pleurs et lamentations, je n'y croyais pas. Brusquement, le petit bonhomme réapparut. « Je te l'avais dit. Pourquoi est-ce que tu n'as rien fait ? » — dit-il. Puis, il s'en fut comme si de rien n'était. Toujours la bouche fermée et le regard vide, je n'en revenais pas. La tragédie m'avait pétrifiée.

La fin d'année scolaire s'annonçait mouvementée. Toute enfant que je suis, je ne m'en rendais pas compte. Du moins, rien ne présageait un autre changement dans ma vie. Il était prévu que je retourne chez maman, dès les premiers jours de congés. Cependant, les choses se sont déroulées différemment.

Nous étions en cours de mathématiques quand une série d'explosions retentirent. Nous crûmes que les pétards crépitaient pour annoncer une grève des étudiants. C'étaient plutôt des coups de feu. Ça tirait de partout. La situation était confuse. Malgré l'apparente inconscience enfantine, nous savions que c'était la guerre. Ma grande sœur est venue me récupérer. Notre quartier n'était pas une zone sécurisée. Mon père était de l'armée, on les appelait communément les corps habillés. Vu la situation, ma sœur et moi sommes restées quelque part, je ne m'en souviens que vaguement. Les nouvelles de décès nous parvenaient régulièrement. Dans la foulée, on nous annonça le décès de papa. Les gens autour de nous pleuraient beaucoup. Tout était triste. Quelques semaines plus

tard, nous sommes retournées chez papa pour l'enterre-
ment. Le petit bonhomme réapparut et me dit « ton père
n'est pas mort ». Il me fallait allumer des bougies et dire au
bon Dieu de le ramener ; ce que je fis sans trop me poser de
questions. Peu de temps après, quelqu'un frappa à la porte,
et ce, de façon bruyante. C'était un homme avec une barbe,
c'était mon père. Il frappait au portail, bouche fermée.
Quand je le vis, je me retirai. Il m'appela par mon petit
nom, mais j'eus peur et je l'ignorai pendant un mois.

Le pays allait mal, il n'y avait plus à manger à la
maison. Mon père était licencié. Un jour, la servante me
dit : « Darcy accompagne-moi faire une course ». Et quand
je suis arrivée, nous sommes allées dans un hôtel avec un
homme, elle me dit assois-toi sur la chaise. Je me suis
assise sur la chaise pendant qu'elle et son homme s'entre-
laçaient. Ils m'ont remis à la main un bonbon et des
biscuits. Comme nous n'avions pas à manger à la maison,
j'avais tellement faim que je n'ai pas entendu les gémisse-
ments de la servante. En gros, la servante faisait l'amour
avec son homme devant moi ; d'après elle, c'était pour
m'acheter plus de biscuits puisqu'elle n'était plus payée.

Quand nous sommes arrivées à la maison, la femme de
mon père accourut me porter. Dieu merci vous êtes revenues ! dit-elle. Et la servante lui répondit : « Darcy s'est
perdue, je la cherchais partout ». Je n'ai rien dit, encore la

bouche fermée, je la regardais et je lui ai demandé : « qui est le monsieur avec qui tu étais et qui faisait beaucoup de bruit ? ». Alors la femme de mon père déduisit que la servante voulait me kidnapper. Pendant qu'on essayait de régler l'histoire, mon père demanda à ce que je parte chez ma mère. Quand je suis arrivée chez elle, maman me demanda ce qui s'était passé et je lui ai expliqué. Ma mère créa des histoires à mon père parce qu'elle voulait reprendre ma garde. Pendant que mes parents se disputaient, je descendis jouer. Je vis une fille de mon âge toute seule assise en train de jouer et je lui ai demandé : « pourquoi ne joues-tu pas avec les autres amis » ? Elle me dit : « le petit bonhomme est avec moi, je joue avec lui ». Je lui ai ensuite demandé : « as-tu un petit bonhomme avec qui tu joues ? » Elle me dit : « oui je préfère jouer avec lui seul ». Je lui dis alors d'accord, je pars jouer avec mes autres amis. À chaque fois que je la voyais, elle était toujours seule en train de dessiner dans le sable et de parler seule. Je la trouvais vraiment suspecte.

Un jour, pendant que je partais à la boutique avec ma nounou, elle m'appela et me dit que c'était son anniversaire et me demanda si je pouvais venir chez eux. Je lui dis d'accord. Et j'ai ensuite demandé à ma mère la permission de m'y rendre. Permission qui me fut accordée.

À son anniversaire, il n'y avait pas d'enfants, à part

moi. Je n'ai pas compris et je lui ai demandé où étaient les autres amis. Elle me fit qu'ils viendront plus tard. Alors je courus appeler mes amis à moi pour qu'on puisse faire la fête. Et ce même jour, mon père obtint ma garde. Il vint me récupérer à la fête sans habits, sans rien pour que je puisse partir chez lui. Je n'ai plus vu mon amie et ce fut le cas pour ma mère pendant longtemps.

Un soir, papa disparut de la maison. Encore tous en pleurs pendant deux semaines, on entendait des tirs de partout. Un jour, alors que nous étions devant la télévision, tout à coup on vit papa à la télévision. Mais que se passe-t-il ? Le gouvernement en place venait d'être renversé, papa et son armée avaient pris le pouvoir. Nous avions changé de maison, chacun avait sa chambre, nous commencions une autre vie comme celle de chez ma mère.

En route un jour vers la maison, je me suis évanouie et j'avais l'impression d'avoir le petit bonhomme dans ma tête qui me disait des choses sur des personnes que je ne connaissais même pas. Il s'éloignait des méchantes personnes, je sentais que j'étouffais quand quelque chose de négatif allait arriver jusqu'à mon année de troisième.

Un jour à l'école, le professeur m'appela au tableau et je tombai devant la porte et toute la classe se moqua de moi. Toujours la bouche fermée, je ne parlais pas, je me suis blessée.

Pendant que je rentrais à la maison, un groupe de voyous m'approcha, j'étais en pleurs. Ils me volèrent tous ma virginité. Quand je suis arrivée à la maison, je pris ma douche et je ne parlais toujours pas.

Mon père entama des démarches pour trouver une nouvelle école et me demanda de retourner chez ma mère. Arrivée chez elle, elle me posa de nombreuses questions, mais je restai silencieuse. Nous allâmes à l'hôpital et lorsque le médecin m'ausculta, il ne trouva aucune trace de viol, elles avaient disparu. Le médecin déduisit alors que je mentais.

Rentrée à la maison, je suis restée chez ma mère et je n'ai plus jamais entendu parler de mon père. Maman me trouva une nouvelle école et je pris un nouveau départ.

2

LE LYCÉE

UNE PÉRIODE AU VILLAGE

C'était la belle époque, j'étais dans une école que j'adorais, j'avais de nouveaux amis, de nouveaux habits, en plus maman s'occupait bien de moi. J'arrivais à parler maintenant, c'était trop génial !

Mais pendant l'école un jour, j'ai entendu le petit bonhomme me dire que la femme du professeur avait fait un accident. J'ai crié tout d'un coup : « Monsieur, ta femme ! Ta femme ! Va à Yopougon, son âme sort de son corps ! Mon professeur dit qu'il était bouddhiste et qualifia mes propos d'enfantillages. Il me demanda de m'asseoir et de faire mes devoirs.

Environ une heure après, sa famille l'appela pour lui dire que sa femme était morte. Mon professeur me traîna de la cour de l'école jusqu'à la morgue, me demandant de ressusciter sa femme. Je lui dis que je n'avais rien fait. Tous énervés, mes amis de l'école appelèrent ma mère, qui appela à son tour mon père. Il vint nous retrouver.

Mon père étant membre du gouvernement, arriva avec des militaires. Le professeur prit peur et mon père lui demanda : « qu'est-ce que vous avez fait à ma fille ? » et il me demanda également : « qu'est-ce qu'il t'a fait ? » Je ne pus rien dire et ma mère me ramena à la maison.

Je ne disais rien à mon père et il me demanda ce qui s'était passé. Je ne répondis pas et je courus rentrer dans l'église à côté de chez ma mère. Je criais en lui disant : « Je ne veux pas te voir ! » et je me suis mise à pleurer.

Pendant que j'étais assise devant la cour de l'église, un monsieur passait et me demanda pourquoi je pleurais. Je lui dis que je n'avais aucun problème. Il m'invita à prendre un pot, cela me changea les idées car nous avons bien mangé, parlé, ri et il m'a ensuite déposé à la maison. En partant, il m'a donné son numéro que j'ai gardé soigneusement.

La vie suivait son cours et un jour, pendant que nous étions à l'école, nous avons entendu des tirs et ma mère me demanda de ramasser mes affaires, car c'était la guerre. Elle avait décidé que nous irions dans mon village natal. Je lui dis qu'il fallait prévenir mon père, elle répondit qu'on l'en informerait plus tard. Nous partîmes ainsi pour le village et nous lorsque nous arrivâmes à la maison de ma mère, tout le monde se regroupa devant la porte de la maison et les gens se mirent à me dévisager, au point où je pris peur, et je demandai à ma mère ce qui se passait. Elle me dit tout simplement de rentrer dans la maison, sans plus d'explications. J'y restai jusqu'au matin.

À mon réveil, je suis allée sur la terrasse et je vis beaucoup de personnes. Une fois de plus, j'ai demandé à ma mère ce qui se passait. Elle me répondit qu'elles sont simplement venues me voir. J'étais surprise qu'autant de personnes viennent me rendre visite alors que c'était la guerre. Une vieille femme s'approcha, me serra dans ses bras et me dit : « tu lui ressembles tellement, il n'y a rien à dire ». Les autres personnes qui étaient présentes me dirent : « Christine, bonne arrivée ! » Je répondis : « je ne m'appelle pas Christine, je m'appelle Darcy. Je ne suis pas Christine. » Mais les gens n'arrêtaient pas de crier : « Christine est de retour, Christine est ressuscitée, Christine est là ! » Je courus alors dans la chambre et quelle ne fut pas ma surprise d'y trouver le bonhomme. En plus, je vis des femmes coiffées et je leur demandai qui elles étaient.

Elles me répondirent : « Bienvenue chez toi ! » Mais je ne compris rien à ce qu'elles voulaient dire.

Les gens venaient de plus en plus me regarder et ma mère qui rigolait avec eux leur faisait savoir que j'étais sa fille et non sa mère, puisque cette dernière est morte depuis longtemps. Mais les vieilles femmes du groupe criaient en disant : « nous savons qu'elle est morte, mais ta fille lui ressemble trop ! » Et ce groupe de personnes me demanda ce qu'il fallait qu'elles fassent des ventes de leurs plantations.

Surprise par tout ce qui se passait, je demandai des explications à ma mère, qui m'expliqua que ma grand-mère était reine de ce village et comme je lui ressemble comme 2 gouttes d'eau, du coup les villageois pensent tous que je pourrai les aider. Pendant que je les regardais, le petit bonhomme vint s'arrêter devant moi, je demandai alors à une dame juste devant moi si elle voyait le petit bonhomme. L'étonnement qui se lisait sur son visage me fit comprendre qu'elle ne voyait évidemment pas le petit bonhomme ! Ma mère me dit alors que le petit bonhomme n'existait pas dans la réalité, mais uniquement dans mes rêves, et elle me somma de ne plus jamais le dire à quelqu'un.

La femme me dit que sa fille était malade, qu'elle était désemparée et ne savait pas quoi faire. Je lui suggérai d'amener sa fille à l'hôpital. Elle m'expliqua que cela faisait plus de 2 mois qu'elle était à l'hôpital et sa situation ne connaissait aucune évolution positive. Elle poursuivit la soumission de sa doléance en me demandant si je n'avais pas de remèdes pour elle. Je lui dis alors que j'ai l'habitude d'aller à l'église allumer des bougies et prier. Je lui demandai l'âge de sa fille et elle me répondit que cette dernière avait 5 ans. Je lui dis alors d'allumer 5 bougies blanches et de prier pour sa fille. Ayant obtenu une réponse à sa question, la dame s'en alla. Mais le ballet continua avec d'autres personnes à qui je donnais des instructions par rapport à leur situation. L'essence de ce que je leur disais reposait sur le fait de simplement croire en Dieu, quelle que soit leur religion.

Alors que la guerre battait son plein, les militaires firent leur entrée dans le village et l'assiégèrent. Nous nous réfugiâmes dans les maisons.

Mon père m'appelait régulièrement pour prendre de mes nouvelles. Travaillant pour le gouvernement et ayant accès à certaines informations, il me fit savoir que le pouvoir en place avait été déstabilisé et ne pouvait plus gouverner le pays. Il continua en expliquant qu'heureusement qu'il avait pris une retraite anticipée sinon il ne serait certainement plus de ce monde. Il poursuivit en disant qu'il a demandé à ma mère de prendre soin de moi et qu'il voulait que je sache qu'il m'aime et que je resterai sa fille préférée. Quand j'ai donné le téléphone à ma mère, j'ai immédiatement informé mes amis du village que le pouvoir en place ne sera plus là. Ils ne tardèrent pas à se rallier au nouveau pouvoir, comme moi-même.

Maman m'informa qu'elle irait voir la petite sœur de sa mère qui était dans un campement, et elle me demanda de rester seule avec les personnes du village.

À un moment, les militaires qui étaient entrés dans le village vinrent vers moi, l'un d'entre eux s'exprimait très bien en français. Il me demanda quelles études j'avais faites. Je lui répondis que j'étais encore au lycée et que je m'orienterai plus tard vers une filière économique. Il m'exposa aussi son parcours. Surprise, je lui demandai ce qu'il faisait dans la rébellion. Il me dit qu'il avait besoin d'argent et était obligé de le faire. Pendant qu'il parlait, je ressentais fortement à l'intérieur de moi qu'il n'était pas sur la bonne voie. Une voix retentit dans ma tête, elle disait : « Il faut qu'il se désengage de la rébellion sinon il va mourir. » Je lui transmis la nouvelle en lui faisant comprendre qu'un malheur lui arriverait s'il ne quittait pas la rébellion.

Il me dit que des gens lui avaient parlé de moi, c'est la raison pour laquelle il était là. Il avait pour projet d'aller en Europe par bateau et voulait que je lui donne mon avis. En fait, la rébellion lui avait promis beaucoup d'argent et il comptait sur ces revenus pour faire sa traversée vers l'Europe. Je lui ai conseillé de trouver autre chose parce qu'il ne s'en sortirait pas avec la rébellion. Il m'écouta et s'en alla.

Dans la nuit, alors que je dormais, il frappa à la porte pour me remettre son numéro de téléphone et me dire qu'il arrêtait la rébellion et rentrait dans son pays. En effet, ce qui l'a convaincu de prendre cette décision, c'est parce qu'il a entendu parler de la dame dont la fille de 5 ans était malade et à qui j'avais recommandé d'allumer 5 bougies et de prier. Cette dernière était désormais guérie. Je lui remis également mon numéro, il prit la route et s'en alla.

Après cet évènement, je pris peur et m'exclamai : « Waouh ! Qu'est-ce qui m'arrive ? Est-ce que je suis différente des autres ? Qu'est-ce qui se passe ? Tout le monde croit en moi ! »

Quelque temps après, on entendit des tirs et des personnes qui criaient. Tout le monde s'était réuni à la gare, c'était la victoire ! Le pouvoir en place n'était plus en position de gouvernance. La guerre était terminée et un nouveau pouvoir avait pris le dessus. Nous devions à présent retourner en ville.

Ma mère, revenue du campement, m'amena des cadeaux et me dit que j'étais la dernière héritière du trône de la famille et que la sœur de sa mère lui a remis des biens pour moi. À ma grande surprise, il s'agissait de cuillères en argent, de chaînes en or, de pagnes tissés à la main et de beaucoup d'assiettes en argent blanc. Je lui demandai ce que c'était, elle me dit que c'était mon héritage et que nous allions le laisser au village et rentrer en ville.

LE RETOUR EN VILLE

Nous sommes ainsi rentrées en ville, à notre appartement au centre-ville. Il y avait plein de morts sur la route, le pays allait mal. La guerre était terminée, le nouveau gouvernement avait pris le dessus et la vie devait reprendre son cours normal. Nous devrions retourner à l'école.

Maintenant réconciliée avec mon père, il demanda à ce que je vienne vivre avec lui. Une fois arrivée chez lui, j'étais perdue. L'atmosphère bourgeoise qui y régnait auparavant avait disparu. Il n'y avait plus à manger à la maison, tous les parents de mon père, tous mes cousins, tout le monde était dans la maison de mon père. On ne mangeait plus qu'une fois par jour, et on n'avait plus de gardes du corps.

J'ai voulu retourner chez ma mère, mais mon père avait décidé que tous ses enfants devaient être avec lui, même si j'ai essayé de lui faire comprendre qu'il était préférable de rester chez ma mère ; puisque j'étais en classe d'examen.

Pendant que j'étais chez mon père, dans le quartier,

mes copines me racontaient comment la guerre s'était passée et comment elles ont vu des gens tuer et des gens mourir. Moi j'étais à l'abri par la grâce de Dieu, je n'ai pas trop vécu la guerre. Et Dieu m'a fait grâce, leur dis-je.

À un moment à la maison, c'était plutôt compliqué. Il y avait toujours des histoires, tout le monde était dans la prière, il n'y avait plus à manger et un jour dans mes affaires j'ai vu le numéro de l'ami qui m'avait invitée à manger le jour où j'avais eu un accrochage avec mon père. Il se nommait monsieur Brooke. Et je l'ai appelé, je lui ai demandé comment il allait et s'il se rappelait de moi.

– Ah oui j'attendais ton appel, tu vas bien ? me dit-il.

– Oui je vais bien, lui répondis-je

– Comment ça s'est passé durant la guerre ? me demanda-t-il

– La guerre est terminée, nous sommes rentrés et c'est plus comme avant chez moi. Mon père étant de l'ancien pouvoir, il s'est fait geler tous ses comptes. C'est un peu compliqué chez nous.

– D'accord. Je serai à Abidjan la semaine prochaine, on se verra. répondit-il.

Je ne pouvais plus supporter l'ambiance à la maison, j'ai demandé à retourner chez ma mère. Étant retournée chez elle, j'eus un jour un appel de monsieur Brooke. Et nous entamâmes une discussion.

– Comment vas-tu ? lui ai-je demandé.

– Je vais bien. Je suis à l'hôtel de la place, tu peux passer me voir.

– Waouh le plus grand hôtel de la ville ! m'exclamai-je

– Oui ! dit-il.

– Quand je finis les cours, je viendrai.

C'est un hôtel tellement beau, j'y allais auparavant avec mon père. Mais je n'étais jamais allée dans le restaurant.

Quand je suis arrivée, je me suis installée au restaurant de l'hôtel, et à un moment, un monsieur m'interpella : « Madame, vous êtes demandée à la chambre 615. » Je suis donc partie à la chambre 615, mais personne ne s'y trouvait. Cependant, grande fut ma surprise de voir sur le lit : une robe, du parfum, des chaussures et un sac à main de haute couture. Quelques instants après, mon ami m'appela, me demanda de prendre un bain, de me changer et de le retrouver au casino. C'est ce que je fis dans la foulée. Arrivée au casino, il y avait tellement de personnes. Les regards des uns et des autres étaient tournés vers moi et j'étais un peu embarrassée.

Tout à coup, j'attendis : « Bienvenue, Madame Brooke, asseyez-vous. » Et je vis monsieur Brooke assis avec le Premier ministre de la République au bout de la table. Il vint ensuite me retrouver à ma table et je lui dis « mais on m'a appelé madame Brooke ». Il dit : « oui tu es madame Brooke ». J'ai répliqué en disant non et on s'est mis à rigoler. Nous avons continué à discuter et je lui ai fait part de mes douloureuses expériences passées. Il m'a fait comprendre que la vie était ainsi faite et qu'il fallait que je me concentre sur l'essentiel, à savoir mes études et notamment l'examen en fin d'année.

Réfléchissant sur ce que je lui avais dit, il me demanda si j'avais des soucis avec les rapports sexuels depuis mon expérience du viol. Je confirmai ses dires, et il promit de m'aider.

Après ce rendez-vous, il me remit la somme de 500 000 FCFA. Surprise, je lui dis merci et lui fis remarquer que c'était une importante somme. Il me dit que c'était pour prendre soin de moi. Il s'en alla à l'intérieur du pays pour des affaires et promit qu'on se reverrait à son retour. En partant, il mit un de ses chauffeurs à ma disposition pour me déposer à l'école et m'offrit un téléphone flambant neuf, tout en me promettant d'être là pour moi jusqu'à la fin de ma vie.

Arrivée à la maison, j'ai montré l'argent à ma cousine Astrid, qui m'incita immédiatement à acheter à manger pour toute la famille. Des pizzas furent donc commandées. Je décidai dans la suite d'aller chez ma mère, avec pour justification le fait que j'étais en classe d'examen et que j'avais besoin de me concentrer pour travailler. En vérité, je voulais être libre d'utiliser mon argent comme je le désirais, et cela serait plus facile chez ma mère.

Les jours qui suivirent, à l'école, mes camarades étaient tous étonnés de mon changement. Sachant que mon père n'était plus aux affaires de la République, ils se demandaient comment cela se faisait que je puisse encore avoir une voiture avec chauffeur. Mais je restais silencieuse à propos de mes nouveaux privilèges. Je les invitais néanmoins à profiter de ce que je pouvais m'offrir avec mon argent, lors des sorties et fêtes diverses auxquelles nous avions l'habitude de participer.

Depuis son départ pour l'intérieur du pays, je n'avais plus de nouvelles de monsieur Brooke. Il ne répondait plus à mes appels. Je l'ai appelé à plusieurs reprises, mais aucune nouvelle.

DE NOUVELLES RELATIONS AMOUREUSES

Quelque temps plus tard, ma voisine de classe me présenta un gars qui devint mon petit ami. Il avait un studio d'enregistrement, et après les cours, nous allions tous là-bas. Mon copain était gentil, mais la drogue était son ami préféré. Il ne fumait que de la « beuh » (cannabis), pas grand-chose. C'était une ambiance de jeunes avec de la drogue pour se faire plaisir.

Un jour, lors d'une sortie en boîte de nuit, nous avions décidé de faire l'amour là-bas, mais je ne ressentis rien. Je ne comprenais pas, et quand je lui disais que je ne ressentais rien, il me conseilla de fumer un peu et que je verrais. J'ai refusé parce que je n'aime pas l'odeur du cannabis. Par la suite, nous avons pris l'habitude de faire l'amour, mais je ne ressentais toujours rien.

Plus tard, je me suis rendu compte que mon petit ami était un grand dealer de drogue. Il me donnait de l'argent tout le temps et envoyait des personnes pour veiller sur ma sécurité. Ce fut d'ailleurs le cas, lorsque je passais mon examen en fin d'année. À l'école, les gens disaient que j'étais sa copine et beaucoup avaient peur de s'approcher de moi ou de me faire quelque chose de mal.

Un jour, quand nous étions au studio, la police est venue et il m'a dit de courir me cacher. Ce que je fis et j'entendis : « pour qui travailles-tu ? » Il répondit : « pour personne » Les policiers lui ont posé des questions, ont ensuite embarqué les autres et sont partis.

Lorsque je suis sortie de ma cachette, je lui ai demandé si c'était donc vrai ce qui se racontait dans la ville à propos de lui. Sa réponse fut de ne pas écouter ce qui se dit.

J'étais dans une relation douteuse et vraiment à risque,

et un jour pendant que j'étais à l'école, ses amis m'appelèrent et me firent savoir qu'il était en prison et s'était battu avec d'autres personnes. Je voulais aller le voir, mais ils m'ont dit non.

Étonnamment, dans la même journée, il fit son entrée dans le bâtiment où j'habitais. Il m'adressa la parole en me disant qu'il me cherchait. Je répondis qu'on m'avait dit qu'il était en prison. Il confirma sa détention et m'informa qu'il venait d'être libéré. Quand je lui ai demandé par quel moyen, il ne répondit pas à ma question et me parla plutôt de l'argent qu'il était venu me remettre. Je pris l'argent et il s'en alla. J'appris plus tard qu'il avait rejoint le parti au pouvoir.

Pendant près de 2 mois, je n'entendis plus parler de lui. Et, un jour à l'école, je le vis venir en treillis de militaire. Surprise de le voir dans cet accoutrement, je lui demandai où il était. Il répondit qu'il était en formation. Je pris peur et j'ai arrêté de lui parler.

Il disparaissait et il revenait, et ce à maintes reprises. Je me suis mise sur mes gardes et j'ai changé mon numéro de téléphone. Je n'ai plus entendu parler de lui pendant mes études.

Le pays avait changé, les jeunes se donnaient au fétichisme, à la drogue et à beaucoup d'autres choses pour gagner de l'argent. Après la guerre, de nombreuses activités sont tombées à l'eau, les choses prenaient une autre tournure et les artistes se faisaient de l'argent avec des spots publicitaires.

Un jour, je suis allée à l'alocodrome de mon quartier avec des copines et j'ai connu une fille avec qui j'ai sympathisé. Depuis ce temps, elle et moi sommes devenues des amies, elle s'appelait Zenab Soiré.

Elle habitait dans un autre quartier et je partais souvent la voir, et elle m'a présentée à un de ses amis qui s'appelait Cheick et qui était un « brouteur »[1]. Eh oui, c'était l'époque des arnaques et des chantages à la webcam et d'autres escroqueries comme les faux héritages ou encore la cybercriminalité. C'étaient de véritables sources de revenus pour certains jeunes et une activité lucrative inespérée pour une autre catégorie de jeunes, ceux qui maîtrisaient l'outil informatique.

Après avoir sympathisé avec cet ami de Zenab, il est devenu mon petit ami. Nous étions tout le temps ensemble avec lui et ma copine, même quand il se faisait de l'argent.

Un jour, nous sommes entrés dans une boîte de nuit de la place et nous avons vu mes frères assis avec leurs amis. Puisque j'étais chez ma mère, je ne les voyais pas régulièrement. J'étais donc tout heureuse de les voir et j'en ai profité pour leur présenter mon petit ami. Mais le retour fut négatif. Mes frères ne lui ont pas serré la main et l'un d'eux déclara même : « Que fais-tu avec ses *bad boys* qui veulent se mélanger à l'aristocratie ? » Mon copain le prit mal et décida de sortir de la boîte.

Quand nous sommes arrivés à la maison, Cheick, s'est mis en colère parce que je ne l'avais pas défendu. Il avait un ami qui s'appelait Dramera. Ce dernier était celui qui, dans le milieu avait beaucoup d'argent, mais personne ne connaissait son secret...

Cheick passait son temps à se lamenter du fait que son blanc ne lui envoyait pas assez d'argent ces derniers temps. En effet, les échanges durent parfois plusieurs semaines voire plusieurs mois pour mettre les victimes en confiance.

Je me suis sentie mal et je suis allée chez mon père, voir mes frères et leur demander de s'excuser auprès de mon petit ami. Ils m'ont fait comprendre que celui-ci me créera des problèmes un jour.

Cheick passait son temps à m'appeler sous prétexte que Dramera nous avait trouvé une solution. Il fallait que je parle à son blanc parce qu'on n'avait pas le choix. J'ai tout de suite accepté parce que je voulais que Cheick montre à mes frères qu'il n'est pas un bon à rien, bien au contraire ! Alors j'ai pris le téléphone et j'ai parlé avec le blanc me faisant passer pour celle qu'il aime jusqu'à ce qu'il me dise qu'il avait effectué le transfert d'argent. Et nous avions effectivement reçu l'argent.

C'était la soirée des grands boucantiers[2], mes frères y étaient et Cheick a claqué tout l'argent reçu devant mes frères et nous sommes rentrés. Il était devenu le plus grand des boucantiers, et a même dépassé Dramera. D'après Cheick, je lui portais chance.

Mais un jour, il me dit qu'il partait à l'intérieur du pays. Quand je lui ai demandé ce qu'il allait y faire, il m'a répondu qu'il y allait faire du business parce qu'il n'avait plus d'argent. Et moi, je l'attendais.

Quand il est revenu, il me dit que Dramera l'a envoyé voir son féticheur et ce dernier lui a dit que je lui portais chance. Il me demanda ensuite si je voyais des personnes en rêve durant mon sommeil. Je lui répondis par l'affirmative. Il poursuivit en me demandant de dire à ces personnes qu'il avait besoin d'argent pour m'aider. Je ne compris pas sa demande, mais durant mon sommeil, je vis le petit bonhomme et je fis la commission de Cheick.

Mon petit bonhomme me dit que j'étais blanche et couronnée de blanc, et Cheick était noir et dans l'obscurité. Par conséquent, nous n'avions rien à faire ensemble. À mon réveil, mon copain ne manqua pas de me questionner au sujet de l'argent. Je lui répondis que j'avais bien demandé l'argent au petit bonhomme.

Je décidai ensuite, pour suivre les instructions du petit bonhomme, de ne plus parler à Cheick et je me suis éloignée de lui. Pendant ce temps d'éloignement, tout n'allait pas bien chez lui, il essayait par tous les moyens de revenir vers moi. Mais je l'en ai empêché, car je voulais obéir au petit bonhomme qui m'avait dit de ne pas l'écouter parce qu'il était dans l'obscurité. J'ai ainsi pris mes distances.

Un jour pendant que j'étais à l'école, mon petit ami est venu me retrouver et m'a dit qu'il s'était associé avec Dramera et qu'actuellement, tout allait bien pour lui. Je lui ai alors demandé si c'est le fétiche qui était son secret. Il me remit la rondelette somme de 10 millions à donner à sa mère. En effet, Cheick venait d'une famille très pauvre et polygame de l'intérieur du pays. Sa mère était béninoise, ils n'avaient pas d'argent. Cheick était un jeune homme venu à l'aventure en ville, qui cherchait de quoi vivre et qui est rentré dans un milieu où il pourrait avoir de l'argent facile. Il est ensuite parti et m'a promis de m'appeler.

J'attendais de finir les cours pour aller voir la mère de Cheick, quand la police judiciaire est arrivée à mon école. La RH m'a fait appeler et les policiers m'ont questionné sur Cheick. Je leur ai dit que je n'en savais rien de ses activités.

Pendant que je sortais des cours, mon souci était de remettre l'argent de la mère de Cheick. Tout à coup, j'aperçus Dramera dont la voiture qui était garée devant l'école. Il me demanda de monter dans son véhicule, ce qui je fis. Il me dit alors que Cheick a demandé que je lui remette l'argent parce que la police était à sa course. Je lui remis aussitôt l'argent.

Dans la soirée, Zenab m'appela et me demanda si j'étais au courant de ce qui se passait. Je lui demandai des précisions, et elle m'annonça que la police avait arrêté Cheick pour cybercriminalité et qu'Interpol s'était saisi du dossier. Il me fit savoir à quel point elle était désolée. Je compris alors que c'est Dramera qui avait trahi Cheick.

Comme mon père était dans l'armée et avait beaucoup de connaissances, je suis allée le voir s'il pouvait faire quelque chose. Malheureusement il ne put rien faire.

Durant mon sommeil, je vis le monsieur de la Police Judicaire et le petit bonhomme me fit comprendre qu'il était corrompu.

Je suis allée voir le DJ à qui on donnait souvent beaucoup d'argent lors de nos soirées, mais il m'annonça qu'il ne pourrait pas nous aider par faute de moyens. J'ai demandé de l'aide à tout son entourage, mais personne ne pouvait m'aider. Épuisée, je suis allée dormir chez mon père et j'ai entendu mes frères parler des grosses sommes d'argent qu'ils se faisaient en cachette grâce aux biens de Papa. Mais ce dernier n'était pas au courant de leurs manigances.

Ils passaient leur temps à faire la belle vie dehors pendant qu'il manquait de la nourriture à la maison. J'ai tout de suite fait du chantage à mes frères pour qu'ils m'aident sinon j'allais dévoiler leurs supercheries à Papa le lendemain.

Mon frère, tout énervé, m'a accompagnée voir le policier corrompu.

En effet, Cheick était dans une prison différente des autres détenus, sous prétexte qu'il avait toujours de l'argent et devait donner aux policiers leur part sinon il serait déféré. Mes frères ont payé la somme avec la promesse que Cheick leur rembourserait. Cheick me remercia du fond du cœur et il travailla dur pour rembourser l'argent de mes frères. Plus tard, il m'acheta une voiture. Eh oui, c'était ma première voiture que je cachais à la maison pour qu'on ne se fasse pas remarquer dans la ville.

Zenab vint un jour me dire que Cheick avait mis enceinte l'ex de Dramera. Toute affolée, je me suis fâchée avec Cheick, et ne sachant pas quoi faire, il voulut m'offrir un voyage.

Dans la ville, tout monde racontait que Dramera allait se faire la peau de Cheick parce qu'ils étaient devenus ennemis. De mon côté, je me suis rangée, je ne voulais plus de Cheick, devenu arrogant à cause de l'argent qui lui donnait la grosse tête. Quand l'ex de Dramera a accouché de l'enfant de Cheick, toutes ses affaires sont tombées à l'eau.

Un jour, Cheick vint chez moi et me dit qu'il fallait que lui et moi allions au Bénin. Je lui dis que je ne pourrais pas y aller en raison de mes cours, et en plus ma mère avait voyagé pour 10 jours. Il insista en vantant les mérites du Bénin et dit également qu'il voulait se racheter. Nous étions en décembre, durant les congés de Noël.

Je finis par prendre la route avec Cheick, sans vraiment savoir pourquoi je le faisais, comme si on m'avait envoûtée. Arrivée au Bénin, nous nous installâmes dans une maison où habitait sa grand-mère et quelques cousins. Il me présenta à ses amis.

Un jour, nous avons décidé de nous promener dans la ville, sa petite cousine et moi sommes allées au marché pour des courses. Pendant que nous étions au marché, une vieille dame attrapant ma main, émue, me demanda ce que je faisais dans ce village. Je lui expliquai que j'étais venue avec mon petit ami pour les congés de Noël. Elle me fit remarquer que j'étais trop jeune et que ce village n'était pas pour des personnes comme moi.

Pendant la nuit, alors qu'on dormait, mon petit ami me dit qu'on allait sortir de la maison pour aller voir un de ses grands-pères de l'autre côté de la route. Nous avons marché très longtemps et quand nous sommes arrivés, son grand-père me dit que les gens de ma famille voulaient me tuer et qu'il fallait que je me lave avec des plantes pour qu'il puisse m'aider et tout d'un coup, je ne voyais plus mon petit ami. Je suis restée dans la cabane, je me suis lavée avec les plantes et je me suis évanouie.

Quand je me suis réveillée, j'étais toute nue. Le grand-père me dit : « regarde là-bas, c'est ton cercueil que ta famille a réservé pour toi, porte-le, prends la route, va tout droit et ne retourne pas en arrière. J'ai obéi aux instructions du grand-père, et pendant que je partais toute nue, la dame du marché était dans la forêt où j'allais et elle me demanda ce que je faisais là-bas. Je pris peur et je lui dis qu'un monsieur m'avait demandé de porter le cercueil et de marcher tout droit sans revenir en arrière. Elle me dit de le déposer, car j'étais une victime de mon petit ami qui était livrée pour gagner de l'argent facile. Elle me donna un pagne qu'elle me demanda d'attacher à mes reins, m'ordonna de jeter le cercueil et de fuir. Elle promit de prier pour moi avec le groupe avec lequel elle était dans la forêt, car mon âme avait déjà été prise.

Je courus le long du chemin jusqu'à arriver à un endroit, toute fatiguée. Je me suis endormie jusqu'au au petit matin, et je vis une dame et son mari qui prenaient la route pour la ville. Je leur ai expliqué mon histoire et ils m'ont laissé prendre la route avec eux. Arrivée à la gare, je n'avais rien sur moi. Il faisait jour et j'ai demandé aux personnes qui étaient là comment faire pour rentrer à Abidjan. Quelqu'un m'a prêté son téléphone et j'ai appelé ma sœur dont je connaissais le numéro par cœur. Elle m'a envoyé de l'argent, mais je n'avais pas ma pièce d'identité. Soudain une demoiselle derrière moi me demanda si j'étais ivoirienne. J'acquiesçai, et elle me dit qu'elle venait également-ment de la Côte d'Ivoire. Surprise par mon habillement d'un simple pagne, elle me demanda ce que j'avais. Je lui dis que c'était une longue histoire...

Nous sommes rentrées ensemble au pays, et quand je suis arrivée, j'étais très traumatisée. Je n'ai plus jamais eu des nouvelles de Cheick.

J'ai appelé ma copine pour lui expliquer tout ce qui s'est passé. Une semaine plus tard, elle me dit que mon petit ami était dans le quartier. Quand je suis arrivée devant lui, il a couru au bord de la route et s'est déshabillé. On a essayé de l'attraper, mais il est devenu fou, et il se pavanait dans la ville. Ses parents lui demandaient ce qu'il s'était passé et ce qu'il avait fait. Il répondait que c'était de ma faute. Selon lui, c'est moi qui l'avais rendu fou.

J'ai expliqué ce qui s'était passé à ses parents et ils ont voulu qu'on reparte ensemble au Bénin. J'ai dit qu'il fallait que je prévienne mes parents, ils m'ont supplié de le faire pour que cela puisse aider leurs enfants. J'ai refusé, ils sont retournés seuls avec lui au Bénin. Quand ils sont revenus, mon petit ami avait changé, il n'était plus fou. L'enfant qu'il avait eu est mort d'une maladie inconnue. Il voulait me voir tout le temps pour me présenter des excuses, mais je n'ai jamais voulu le rencontrer.

LE GRAND RETOUR DE M. BROOKE

L'histoire suivit son cours à l'école. J'eus mon bac, et mon père était fier de moi. Il voulait me faire partir aux États-Unis, mais il n'avait pas de moyens. Par la grâce de Dieu, j'ai été orientée dans la meilleure université du pays avec une bourse octroyée par l'État qui prenait en charge un certain nombre de dépenses, mais il fallait payer pour l'école. J'ai alors décidé de reprendre contact avec monsieur Brooke. Il me reprocha d'avoir mis du temps à prendre de ses nouvelles, mais en réalité, c'est lui qui ne donnait aucun signe de vie.

Il me demanda si j'avais un passeport, je lui répondis par l'affirmative et il m'invita à venir le retrouver dans son pays. Il s'engagea à payer tous les frais relatifs à ma scolarité pour l'année. Quelque temps plus tard, quelqu'un m'appela pour me remettre l'argent de la scolarité. Un billet d'avion me fut également remis et j'envolai vers le pays de monsieur Brooke.

Un chauffeur vint me chercher à l'aéroport, c'était un pays maghrébin. Nous sommes arrivés dans un appartement où il y avait ma photo, prise lors de la cérémonie à l'hôtel.

Monsieur Brooke m'appela pour savoir si j'étais bien installée, et il m'indiqua où se trouvait mon nouveau téléphone avec une puce locale. Ce téléphone me permettait de converser de nombreuses heures avec lui.

Plusieurs personnes que je ne connaissais pas venaient à ma rencontre pour faire des courses, à manger, me promener, etc. Je passais également du temps avec un ami de monsieur Brooke appelé Rachid. Il était vraiment serviable et m'a beaucoup aidé.

Durant tout mon séjour, je n'ai pas vu monsieur Brooke, et lorsque je me plaignis, il me fit savoir qu'il était en déplacement dans un autre pays pendant tout ce temps. Mon séjour étant arrivé à son terme, je suis retournée dans mon pays.

Quand je suis arrivée, grande fut ma surprise de découvrir que monsieur Brooke avait ouvert un compte bancaire à mon nom et y avait déposé une importante somme d'argent. Après cela, silence radio. Je n'arrivais de nouveau plus à le joindre. En tout cas, j'avais l'argent nécessaire pour mon année scolaire.

À l'université, une amie me présenta à l'un de ses amis.

Il était beau et nous avons commencé à cheminer ensemble durant ma première année d'université. Il venait chez moi et il a même eu l'occasion de rencontrer ma mère. On passait beaucoup de temps ensemble, c'était quelqu'un de vraiment d'adorable.

Un jour, nous étions dans sa voiture. Surprise d'y voir beaucoup de plumes de poulet, je lui ai demandé d'où elles sortaient. Il me dit que c'étaient des poulets qu'il avait récupérés à la ferme de son grand-père. Je me suis contentée de cette réponse sans rien demander de plus.

Seulement, un autre jour, je vis des pintades dans le coffre et je m'empressai de lui demander s'il y avait une fête organisée dans sa famille. Il me fit savoir que c'étaient des pintades de son grand-père. Je demandai alors à voir son grand-père en question, mais il refusa, prétextant qu'il n'était pas disponible et que nous irions le voir ensemble plus tard.

Plusieurs jours sont passés et on organisa une petite sortie à la plage. Pendant que nous étions en train de manger, monsieur se leva et se dirigea vers la mer avec un objet dans la main, en faisant des incantations. Je lui ai demandé de m'expliquer ce qu'il faisait. Il me répondit qu'on était en Afrique et qu'il était important de se protéger des ennemis. Il m'exhorta à faire de même et que cela me protégerait également d'éventuels blocages dans la vie. Il me proposa même d'aller voir son grand-père, mais je déclinai sa proposition. En effet, les souvenirs de mon expérience avec Cheick au Bénin étaient encore bien présents dans mon esprit. Je lui demandai dans la foulée qu'on rentre.

Quand je suis arrivée à la maison, je me suis couchée sous le lit et j'ai commencé à trembler, mon cœur battait tellement fort ! J'ai alors réalisé que j'étais encore dans une relation qui pourrait me conduire dans une tombe. J'ai appelé mon petit ami et je lui ai dit que je préférais qu'on mette fin à la relation.

Une semaine plus tard, pendant que j'étais à l'école, j'ai reçu des bouquets de fleurs, des boîtes de chocolats et des sacs à main. Émerveillées, mes copines trouvaient mon copain très romantique et disaient ne pas comprendre pourquoi j'étais en colère contre lui. Elles m'exhortèrent ainsi à lui pardonner.

J'ai fait renvoyer tous les colis et je lui ai dit que ma décision avait déjà été prise et que je ne voulais pas de ce genre de relation. Il ne lâcha pas prise et continua à me faire la cour. C'est le moment que choisit monsieur Brooke pour refaire son entrée dans ma vie...

———————————

1. Terme utilisé pour désigner un arnaqueur dans l'argot ivoirien. Il opère généralement via Internet, notamment sur les réseaux sociaux.

2. Se dit dans l'argot ivoirien d'une personne ayant un style de vie ostentatoire. Une personne qui aime afficher son aisance matérielle (voitures, bijoux, vêtements, etc.) pour se faire remarquer.

3
UNE AUTRE PERSONNE

J'étais à l'école quand un chauffeur est venu me chercher et m'a dit que j'étais conviée à une cérémonie ce soir. Mon rendez-vous était encore dans cet hôtel réputé de la place, à la même chambre : 615.

Arrivée à l'hôtel, quand je suis rentrée dans ma chambre, il y avait une valise d'habits qui m'attendait. Je me suis changée et je suis descendue au casino comme la précédente fois, mais il n'y avait personne. Le service du casino m'a alors dirigée vers une chambre spéciale et quand j'y suis arrivée, une table était dressée avec des assiettes et des mets, accompagnés d'un mot : « Attends-moi, j'arrive. » J'ai attendu pendant 2 heures et quand monsieur Brooke est entré, il m'a demandé si j'avais mangé. J'ai répondu non et je lui ai fait savoir que c'est lui que j'attendais. Il a alors demandé qu'on passe à table. Pendant que la serveuse s'occupait de nous, monsieur Brooke me demanda si j'avais porté une culotte, je lui dis « oui ». Il me dit alors qu'il m'était interdit d'en porter quand j'étais avec lui. Il me demanda aussitôt de l'enlever.

Je pris peur en lui demandant pourquoi je devrais l'enlever. Devant mon refus d'obtempérer, il me demanda de monter dans ma chambre. Ce que je fis, mais il ne me laissa pas partir toute seule, il vint avec moi. Quand nous sommes arrivés dans la chambre, il m'attrapa la main, me retourna sur le lit et enleva ma culotte. Il dit : « asseyons-nous et mangeons, apparemment tu aimes la brutalité ».

J'ai commencé à piquer une crise d'anxiété, je tremblais et j'étais en pleurs. Il me dit : « Je ne t'ai pas violée, jamais de la vie je ne ferai ça, je t'ai juste dit que je n'aime pas que tu portes des culottes. Alors, tu ne remets plus de culotte quand tu es avec moi, ça diminue les pertes chez la femme ; sois libre et apprends à apprécier ton corps. D'accord ? Je lui dis « oui ». Nous avons mangé, bavardé et discuté de tout et de rien.

Tout à coup, monsieur Brooke me dit que j'avais besoin de boules à mettre dans mon vagin pour pouvoir guérir de ma peur et de mon mal. Surprise, je lui demandai de quelles boules il parlait. Il en sortit alors d'un sac et me dit qu'elles s'appellent boules de Geisha. Elles se présentaient sous la forme de deux boules reliées par un cordon. Il me disait à l'oreille : « Je vais les introduire l'une après l'autre sans forcer, tu dois être bien détendue pour que l'insertion soit facile. Essaie de faire de légères contractions avec ton périnée, tu sentiras plus. » Il prit mon doigt et l'enfonça dans mon vagin en me demandant de me détendre. Il me fit comprendre que ces boules m'aideraient à avoir un vagin ferme. Il enfonça la deuxième boule lui-même et nous continuâmes à manger.

Tout à coup, monsieur Brooke reçut un appel et me demanda de retourner à la 615. Il m'ordonna de ne pas enlever les boules, et dit qu'il reviendrait dans peu de temps. Je me suis couchée en attendant monsieur Brooke, mais il n'est pas revenu.

Le matin, on frappa à ma porte pour le service du petit déjeuner en chambre. J'appelai monsieur Brooke, mais son téléphone ne passait pas. J'ai alors dû rassembler mes affaires pour rentrer à la maison. Arrivée à la porte, je vis le personnel de l'hôtel qui me fit savoir que monsieur Brooke avait demandé que je reste à l'hôtel pendant une semaine.

Je leur dis que j'avais des cours auxquels il fallait que j'assiste. Ils dirent alors que le nécessaire avait été fait à mon école, et que je pouvais rester en attendant que monsieur Brooke revienne. Pendant qu'on parlait, il fit son entrée et me demanda où j'allais. Je lui dis qu'il ne répondait pas à mes appels et que cela durait depuis plusieurs années. Je lui fis comprendre que comme il est parti, moi aussi je m'en allais.

Il rétorqua en disant que cette fois-ci était la bonne, que je n'irais nulle part avec mon copain qui me fait toujours la cour. Surprise, je lui demandai comment il était au courant. Il dit : « Tu sais ma belle quand un homme est intéressé par une fille, il fait le nécessaire. C'est moi qui t'ai donné le téléphone et je suis au courant de toutes tes conversations ».

Nous sommes rentrés dans la chambre et monsieur Brooke me dit ces mots : « À partir d'aujourd'hui, c'est moi ton homme. Tu n'auras plus d'autres hommes à part moi. Tiens cette feuille, signe ce contrat. » Je lui ai dit que je ne ferais aucun contrat avec lui. Il répondit alors qu'en l'absence d'un contrat, il fallait qu'on décide ensemble ce qui adviendrait de la relation.

« Voilà les dessous que tu dois porter, voilà les couleurs que tu dois porter, voilà les habits que tu dois porter. Je ne veux pas voir de mèches dans tes cheveux quand je suis là parce que tu es belle au naturel. Je ne veux pas que tu te dépigmentes la peau parce qu'à partir d'aujourd'hui tu m'appartiens tu n'auras plus de petit ami. » Me dit-il.

Il continua en me disant que le vagin est conçu pour s'adapter au pénis. Il me souleva et me fit asseoir au bord d'un meuble légèrement penché en arrière, mains posées bien à plat, bras tendus et jambes autour de son bassin. Ensuite, il me demanda de mettre en équilibre ma colonne vertébrale afin de supporter son corps. Je ne parlais pas. Il me dit que normalement je devrais avoir mal quand on me fait l'amour dans cette position, étonné que je supporte sans rien dire.

Il sortit son sexe de mon vagin et il me dit : « Apparemment, tu ne ressens rien. Il va falloir que tu te libères, il faut que tu fasses partir le blocage en toi. Sinon, ça n'ira pas. » Il était tellement attentionné que je suis tombée amoureuse. C'était la première fois que je faisais l'amour et qu'on me faisait comprendre que je devrais m'adapter à certaines choses pour essayer de ressentir quelque chose. Je n'avais jamais vécu cela.

Il me toucha sur toutes les parties de mon corps, ses lèvres étaient tellement douces, sa peau tellement lisse. Je n'avais jamais été aussi heureuse de ma vie. Ce fut le début d'une nouvelle aventure. Le sexe était vraiment différent.

Nous voyagions dans différents pays de l'Afrique. En fait, quand il était dans un pays, il m'appelait et je le rejoignais.

Il a créé un cabinet dont j'étais la gérante, en parallèle de mes études. J'avais tout ce que je voulais, mais il manquait quand même une chose : la présence de monsieur Brooke. Il n'était presque jamais présent.

Dans l'un de nos nombreux voyages à l'étranger, quand nous arrivés à l'hôtel, j'aperçus une demoiselle assise au comptoir qui vint me saluer et me demander si j'étais l'assistante de monsieur Brooke. Je répondis par l'affirmative et elle me dit qu'elle avait rendez-vous avec lui.

Quand il arriva, il la tint par la main et ils allèrent discuter ailleurs. Après son échange avec elle, il me fit savoir que c'est une cliente du travail. Je lui répondis : OK.

Dans la foulée, monsieur Brooke me demanda de rentrer le soir à Abidjan. Quand j'ai essayé d'en savoir plus sur ce départ précipité, il ne me donna aucune explication et ne me laissa pas le choix.

Arrivée à Abidjan et rentrée à la maison, la petite sœur de ma mère vint me voir et m'exposa ses problèmes en me demandant de lui donner des conseils. En effet, elle était convaincue que j'avais un troisième œil et que je pouvais l'aider à prendre des décisions importantes. Alors, après l'avoir écoutée, je lui ai prodigué des conseils et elle a trouvé une issue favorable face à ses défis. Dans la suite, elle m'a présentée à sa copine qui avait également des problèmes.

J'ai vu sa copine chez elle, et pendant que j'étais assise dans son salon, j'ai entendu une voix qui m'était familière et sa copine me dit : « Je te présente ma fille ». Et je lui ai demandé si on se connaissait. Elle me répondit : « Oui, tu n'es plus revenue à mon anniversaire... »

C'était une grande joie pour moi de retrouver mon amie d'enfance. Elle avait tellement changé, elle avait des traits d'une Peuhle et elle était belle. Je la taquinais en lui disant : « la fille qui ne parle pas qui n'a pas d'amis, comment vas-tu ? » Elle me demanda si je me rappelais du petit bonhomme, je dis : « Oui c'était l'enfance, je ne vois plus de petits bonhommes ». Elle rétorqua : « Le petit bonhomme est sûrement entré dans ton corps, c'est pourquoi tu arrives à cerner des choses, à aider et à calmer les gens.

Je lui ai demandé ce qu'elle faisait dans la vie, tout en lui précisant que moi j'étais encore étudiante. Elle me dit qu'elle est allée apprendre l'anglais à l'étranger et que depuis son retour, elle n'arrivait pas à trouver un boulot. Du coup, elle aidait sa mère au salon de coiffure.

Le soir, j'avais rendez-vous avec mon petit ami à notre hôtel habituel. J'invitai mon amie à venir avec moi afin qu'on puisse ensemble prendre un pot. C'est ainsi qu'elle et moi sommes allées à mon rendez-vous avec monsieur Brooke. Nous nous sommes assises à ma table habituelle et je reçus un message de monsieur Brooke me demandant de me rendre à la chambre. Quand j'y suis arrivée, il me demanda qui était la jeune fille avec moi, ce qu'elle faisait dans la vie et pourquoi j'étais venue avec elle. Je lui fis savoir que c'était une amie à moi, qui n'avait rien à faire en ce moment, et du coup ça lui faisait une sortie. Il comprit, mais ne voulut pas se présenter à mon amie. Il nous souhaita de bien nous amuser et me dit que je pouvais utiliser l'argent disponible sur la carte bancaire. Il termina en me faisant savoir que je l'accompagnerai la semaine suivante à Paris, comme assistante dans le cadre de l'une de ses missions. Ma joie était grande et je courus annoncer la bonne nouvelle à mon amie.

Nous partîmes aussitôt toutes les deux faire des courses pour elle : vêtements, chaussures et plein d'autres choses...

Pendant un bon moment, mon amie Angela et moi étions en contact et monsieur Brooke était aux petits soins avec moi. Je le voyais deux fois par semaine, et à un moment je finis par tomber amoureuse de lui. Aucun autre homme n'avait le droit de m'approcher.

Un jour, pendant qu'Angela et moi étions en boîte de nuit, un homme m'approcha, essayant de prendre mon numéro. Trente minutes plus tard, monsieur Brooke m'appela pour m'interroger sur celui qui voulait prendre ton numéro. Je lui dis que je ne le connaissais pas et il me demanda de faire attention, car il n'aimait pas qu'on me tripote. J'étais sous le choc et je me demandais comment il avait fait pour être au courant.

Du côté d'Angela, la vie n'était pas rose. Je me suis arrangée avec une de mes connaissances pour lui trouver du boulot. Quand on lui en a trouvé un, elle décida de quitter chez sa mère et de prendre un appartement. Angela et moi sommes devenues comme des sœurs de sang. Quand son salaire n'était pas payé, je me débrouillais pour lui envoyer de l'argent pour ses factures.

Le jour de mon départ avec monsieur Brooke pour Paris est arrivé et j'étais tout heureuse et amoureuse de l'homme de mes rêves. Cet homme qui arrive à me faire avoir des sensations quand je fais l'amour depuis mon viol. Je ne me passais plus de lui, j'avais tout ce que je voulais : des habits de marque, des chaussures et bien d'autres choses.

Nous sommes bien arrivés à Paris. C'était la première fois que je me voyais aller faire le tour de la ville, quand monsieur Brooke me demanda de me préparer parce qu'on avait un dîner le soir. Il m'annonça que le chauffeur viendrait me récupérer pour aller faire des courses.

C'était incroyable : salon de luxe et vêtements de luxe étaient au rendez-vous. Nous avons dîné dans le plus grand restaurant de Paris avec de grands stylistes de la place qui admiraient mon corps. Certains m'ont même prise pour un mannequin. Je ne lâchais pas la main de monsieur Brooke, car je ne m'y connaissais pas dans ce milieu et j'avais honte quand je regardais le monde autour de moi. Après le dîner, nous sommes repartis à l'hôtel. Arrivée dans la chambre, j'étais seule et il me dit qu'il arrivait. Je l'ai attendu jusqu'à ce que je m'endorme... À mon réveil, il était au téléphone et je lui ai demandé où il avait passé la nuit. Il me répondit : « Avec des lesbiennes dans la chambre à côté. » Surprise, je me suis mise à rire en lui demandant s'il était sérieux. Ce qu'il ne manqua pas de me confirmer tout en argumentant qu'il n'avait rien de mal à le faire. Je cherchai alors à comprendre pourquoi il n'avait pas dormi avec moi. Il me dit que c'est parce que je suis une princesse.

Je pris ma douche et j'espérais qu'il me fasse découvrir Paris pendant que nous irions faire les courses. Mais il me dit : « Tu es là pour moi et pas pour Paris, reste dans l'hôtel je te ferai signe. » J'ai appelé Angela lui disant que monsieur Brooke avait changé. Elle me dit de reste là-bas en France, car c'était le pays de rêve des Africains. Je lui rappelai que j'étais amoureuse, mais elle me demanda d'oublier l'amour.

Soudain, monsieur Brooke entra dans la chambre et il me dit qu'il était temps d'aller visiter Paris. J'étais tout heureuse d'avoir fait des courses et vu plusieurs endroits différents. Quand nous sommes rentrés, monsieur Brooke m'annonça qu'il y avait un changement de programme et qu'on rentrerait le lendemain.

Le lendemain, pendant qu'on prenait notre petit déjeuner, une demoiselle vint à notre table et demanda à monsieur Brooke qui j'étais. Il me présenta comme son assistante et prit la demoiselle par la main et l'amena discuter ailleurs. Je ne parlais pas pendant que nous nous en allions, monsieur Brooke devait rentrer au Maroc et moi en Côte d'Ivoire.

La demoiselle était dans l'avion en classe économique et je me suis précipitée pour aller la saluer en lui demandant si elle avait des problèmes avec mon patron. Elle me dit qu'elle a aussi été son assistante pendant plus de 6 mois et qu'aujourd'hui ils retournent au Maroc ensemble. Je pris un coup et je ne savais plus quoi faire. J'étais déboussolée...

Monsieur Brooke est parti et Angela et le chauffeur sont venus me chercher à l'aéroport. J'ai expliqué à Angela la situation et elle m'a dit que monsieur Brooke était vraisemblablement marié et qu'il n'allait pas m'épouser. Il fallait juste supporter. J'étais amoureuse, monsieur Brooke ne m'appelait pas et je l'imaginais avec l'autre demoiselle.

J'ai repris le chemin de l'école, mais j'étais malade et je ne savais jamais ce que j'avais. Je me sentais toujours malade à chaque fois que je laissais monsieur Brooke. Le semestre se terminait et il fallait que je bosse.

Je reçus un coup de fil de monsieur Brooke qui était dans la ville et me demanda de venir signer des papiers pour le cabinet que je gérais. J'étais tout heureuse, je l'ai serré dans mes bras et je lui ai demandé pourquoi il avait mis autant de temps à m'appeler. Il me répondit : « Tu es ma "djollis ricë", retiens cela. Quand je ne suis pas là, sache que tu dois m'attendre et ne rien dire ».

J'ai appelé Angela pour lui dire que monsieur Brooke était là. En fait, Angela n'avait pas assez d'argent donc nous payions son appartement en plein centre-ville par année avant que monsieur Brooke ne disparaisse encore de ma vie. Angela était héritière de son père, mais son héritage mettait du temps avant qu'elle puisse l'obtenir. En effet, une lutte acharnée se faisait chaque fin de mois avec tous les enfants de son père qui sont au nombre de vingt-sept. Eh oui, vingt-sept! Chaque mère s'occupait de son enfant, mais luttait pour obtenir les biens.

À un moment, la mère d'Angela n'allait pas bien. J'ai fait des songes sur elle, et quand Angela lui a dit, tout ce que j'avais vu s'est réalisé après.

Pendant que je faisais mes tournées avec monsieur Brooke, nous étions à une soirée et tout à coup, une personne me toucha l'épaule et me dit : « Ma sœur ». En me retournant, je reconnus Alima, la demoiselle qui m'avait sauvée au Bénin dans le temps. Je lui demandai ce qu'elle faisait là. Elle me retourna la question. Je lui répondis que j'étais avec monsieur Brooke. Elle me dit : « Ah c'est toi Darcy? Personne ne connaissait la copine de monsieur Brooke. Moi je suis la copine de Tips ». Je dis Tips? Elle acquiesça. Je lui dis alors que Tips était marié. Elle rétorqua en disant qu'il en était de même pour monsieur Brooke, et que nous étions dans le même bateau. En vérité, je ne savais pas que monsieur Brooke était marié. Il ne m'avait jamais rien dit. J'avais mal à cet instant et je ne souriais plus.

4
ALIMA

Alima et moi sommes devenues très proches, nous allions souvent au Maroc ensemble. Elle était la maîtresse de Tips, un grand dans le domaine du sport. Tips était un ami de monsieur Brooke, celui qu'on ne voyait presque jamais.

Les soirs, nous partions en boîte, Alima et moi avec nos copines. Mais Alima n'aimait pas me voir en compagnie d'Angela. Angela aussi était jalouse de mon amitié avec Alima parce qu'elle estimait que je ne m'occupais plus d'elle.

Pendant une soirée, nous étions assises à la grande place. C'était la soirée bourgeoise dans une boîte de la place. Alima sortait avec le fils d'un ministre, mais avait un autre chéri qu'elle ne voulait laisser pour rien au monde. Il s'appelait Aynar. C'était le plus grand boucantier de la place, il était cité par tous les DJ de la place.

Pendant que nous dansions, Aynar fit son entrée avec ses amis. Ils étaient tous des enfants de la République. En effet, dans ce système du coupé-décalé, il y avait les enfants de la République qui imposaient l'aristocratie et les brouteurs qui essayaient de se faire respecter. Tous allaient dans les mêmes lieux. Certains disaient que lorsque les brouteurs arrivaient à un endroit où ceux qu'on appelait les enfants de boss vont toujours, ce lieu était dépravé et ils n'y remettaient plus les pieds.

Malheureusement pour nous, Aynar y était avec ses amis et le DJ s'est mis à chanter son nom au grand désarroi d'Ismaël qui se faisait remarquer par tous. Ismaël n'avait plus assez d'argent, et quand tu n'as plus d'argent, l'attention te quitte. C'était Aynar qui était maintenant populaire. Quand Aynar est arrivé, il a pris place à notre table et il a demandé à Ismaël de quitter la table. Alors Angela dit à Aynar qu'Ismaël était mon copain et que c'est lui qui nous avait invitées.

Pour éviter un déshonneur d'Ismaël, Angela demanda que nous allions ailleurs pour la soirée. Sur le champ Aynar appela mon grand frère en lui disant que j'étais encore dans le coupé-décalé et qu'il fallait qu'il vienne.

Angela et moi avions quitté la boîte de nuit et Ismaël

était en colère du fait que Alima parte avec Aynar. Pendant que nous rentrions, Ismaël nous a suivies avec ses amis. Quand nous sommes arrivées chez Angela, j'ai vu Ismaël discuter avec Angela comme s'ils se connaissaient. J'ai alors demandé à Angela pourquoi elle parlait avec Ismaël, en lui faisant comprendre que c'était le copain d'Alima. Elle me fit savoir qu'il n'y avait rien entre eux.

Le lendemain, Alima m'appela pour s'excuser parce qu'ayant été réprimandée par ses frères d'être en contact avec les brouteurs, elle leur dit que c'est moi qui l'y avais entraînée et que Ismaël n'était qu'un simple ami.

Ismaël ayant été frustré par Alima lors de la dernière sortie nous invita une autre fois, mais dans la boîte où mon frère et ses amis avaient l'habitude d'aller. Aynar devait également être présent. Le sachant, Alima refusa d'y aller sous prétexte qu'elle était malade. J'étais obligée d'aller avec Angela pour couvrir Alima. Pendant la soirée, le DJ mit un son et se mit à scander le nom d'Ismaël, qui se leva, s'avança vers lui et le couvrit de billets de banque.

À un moment, Aynar fit son entrée avec Alima. Angela et moi étions sur les nerfs parce qu'on se demandait ce qu'elle faisait là... elle qui était censée être malade. Elle nous fit comprendre que Aynar l'avait forcé à venir et qu'elle n'a pas eu le choix.

Ismaël s'est mis en colère et a commencé à lancer des

piques à Aynar et ce dernier s'est aussi mis dans la cadence. C'était le combat des titans comme ils aiment le dire. Mais ce soir-là, Aynar n'avait pas assez d'argent tandis que Ismaël s'était préparé au jeu, qu'il remporta logiquement. Cela créa une bagarre. Alima était toujours du côté d'Aynar, car d'après elle, il avait un patrimoine familial. Elle serait donc plus en sécurité chez Aynar que chez Ismaël.

Les DJ ont décidé qu'il fallait qu'Aynar quitte la boîte parce qu'il était très en colère. Ismaël fut donc le maître de la soirée. Toute la ville en parla plus tard.

Aynar courut en avertir mon frère et ses amis qui m'ont mise en garde sachant que c'était le copain d'Alima. Je passais mon temps à recevoir des insultes et des menaces, qui ne me disaient rien. En revanche, après la soirée, Angela était toujours en contact avec Ismaël et ils échangeaient régulièrement.

Un soir, pendant que nous étions chez Angela, un groupe d'amis d'Ismaël fit son entrée sous prétexte qu'Angela est une amie à eux. Je dis à Angela que c'étaient des amis d'Alima et que c'est grâce à elle que nous les avions connus, et je lui demandai ce qu'ils faisaient chez elle. Elle me répondit qu'ils étaient devenus amis, et qu'il ne fallait pas que je m'inquiète.

Pendant ce temps, Aynar est allé voler tout l'argent que

son père avait mis dans la maison en réserve pour humilier Ismaël. Dans le même temps, Alima me sollicita pour demander pardon à Ismaël parce qu'elle voulait revenir avec lui. Mais Ismaël ne voulait plus de cette relation.

Angela nous proposa de voir une tante à elle qui vendait des ingrédients secrets que les femmes pouvaient utiliser pour séduire les hommes. Nous y sommes allées et elle nous donna des potions pour Alima.

Un soir, pendant que nous étions chez Angela, Ismaël vint et parla avec Angela. Alima fit toute une scène et lui demanda depuis quand il venait rendre visite à Angela. Il répondit qu'Angela lui avait dit que nous étions là et il était venu la récupérer.

Mon inquiétude grandissait du fait qu'Angela me cachait des choses. Plus tard, Alima m'appela me faisant savoir qu'elle avait bien repris avec Ismaël.

Alima avait beaucoup d'argent et était convoitée par les hommes. Elle était tellement belle, elle ne s'achetait que des vêtements de marque. À l'opposé, Angela n'avait pas assez d'argent, on lui ramenait toujours des vêtements puisque nous partions à chaque fois au Maroc où j'avais mon appartement. Tout ce qu'on connaissait c'étaient les endroits chics.

Alima et moi n'avions pas d'autres amies qu'Angela, personne ne savait comment on gagnait de l'argent puisque nous étions plus ou moins des enfants de personnes aisées dans le temps. Le père d'Alima est décédé durant la guerre, mais il avait assez d'argent. C'est à sa mort que tous les problèmes de famille ont commencé. Avec l'argent qu'on « gagnait » avec les hommes, on espérait avoir la vie qu'on méritait.

À chaque fois qu'on voyageait, Alima allait donner de l'argent à Kalil, un jeune militaire marocain qui faisait passer les gens à la frontière du Maroc pour l'Espagne. Son ambition était d'aller vivre en Europe. À chaque fois, elle me disait que sa vie serait meilleure là-bas. Kalil faisait passer des personnes, mais avec des papiers aux normes, on ne savait pas comment il faisait, mais certains avaient leur attestation de citoyenneté et partaient. Mais le coût du passage à travers son réseau était élevé : près de dix millions de FCFA.

Alima économisait cette somme, c'est pourquoi elle avait décidé de ne pas prendre de maison, mais de vivre dans la maison familiale jusqu'à ce qu'elle ait obtenu la somme. Un jour, quand nous sommes revenues du Maroc, Alima ne se sentait pas bien, elle me disait qu'elle avait un mauvais pressentiment. Nous étions chez Angela puisque je vivais pratiquement avec elle, et la femme de Tips a appelé sur le numéro d'Alima. Elle lui lança des menaces de mort, car elle avait surpris Tips en train d'acheter une maison pour Alima.

Alima répondit en ces mots : « Vieille chaussette, attrape ton mari à la maison. Ne m'appelle plus jamais sorcière au ventre de cimetière ». En effet, la femme de Tips ne faisait pas d'enfants garçons, Tips n'avait que des filles. Nous sommes sorties ce soir-là, car nous avons eu la bonne nouvelle : Alima allait posséder une maison à elle, une villa. On imaginait déjà le cachet de la maison, sachant que Tips et Brooke avaient des goûts de luxe.

Mais ce soir-là, quand nous sommes rentrées, dans la nuit j'ai fait un rêve où la mère d'Alima avait perdu la vie. J'ai donc couru le dire à Alima. Elle le prit à la légère en me disant que sa maman se porte et qu'il fallait que j'arrête avec mes affaires de génies. Je répondis en lui disant que c'est parce qu'elle ne me croyait qu'elle était toujours malade.

Mais une semaine plus tard, je n'avais plus de nouvelles d'Alima. J'ai donc décidé d'aller la voir et elle m'apprit que sa mère était malade et qu'il fallait l'emmener à l'hôpital. Elle m'informa que ses frères et elle étaient réunis pour cela et qu'elle avait appelé Tips en vain.

Elle me demanda d'appeler aussi Ismaël. Mais ce dernier n'était pas à Abidjan. Et Aynar avait été envoyé à l'étranger parce qu'il volait l'argent de son père pour faire l'intéressant lors des soirées.

Je décidai à mon tour d'appeler Tips, en me disant que si je tombais sur sa femme, j'interromprais l'appel. Au même moment, Alima m'appela pour m'annoncer que sa mère était déjà morte. Alima pleurait au téléphone, et j'ai couru la rejoindre rapidement. Tous ses frères étaient réunis.

Angela et moi sommes allées rester avec elle. Pendant que nous y étions, je ressentais fortement des choses sur beaucoup de personnes dans la salle. Sans m'en rendre compte, je me suis mise à parler à plusieurs personnes à propos de ce qu'elles devraient faire de leurs vies, de ce que leurs enfants deviendront, etc. Soudain, Angela me saisit et me fit sortir de la salle.

Alima avait vraiment mal. Pendant que je consolais, monsieur Brooke m'appela et me demanda de venir à l'hôtel. Je lui fis comprendre que je ne pouvais pas parce que j'étais avec Alima qui avait perdu sa mère. Mais il ne me donna pas le choix, il m'attendait dans les prochaines minutes. J'ai dû m'excuser et j'ai couru le retrouver à son hôtel.

Arrivée à l'hôtel, nous fîmes l'amour. J'eus ensuite droit à un massage à l'huile d'olive, cela me déstressa de

tout ce que je vivais pendant cette période-là. Je m'en-
dormis juste après.

Je me suis réveillée très tard et j'ai remarqué qu'Alima
ne faisait que m'appeler. Je ne décrochais pas jusqu'à ce
que monsieur Brooke décroche et s'excuse lui-même
auprès d'elle. Il me remit ensuite une somme pour Alima
comme participation pour le décès de sa mère. Il s'engagea
à informer Tips de la situation et précisa que ce dernier
avait des mésententes avec sa femme ces derniers temps.

Je m'empressai d'aller chez Alima lui remettre l'argent.
Elle était fâchée contre moi, mais elle me remercia pour
tout. Elle était dépitée et ne savait plus quoi faire.

Pendant que nous étions au lieu de deuil, la femme de Tips
appela sur mon numéro. Je décrochai et quelques minutes
plus tard, elle arriva et envoya des personnes me tabasser,
pensant que j'étais là maîtresse de son mari. Les frères d'Alima
ripostèrent. Ses sœurs savaient qu'elle sortait avec Tips. J'ai
dû encaisser pour mon amie parce qu'elle vient d'une famille
pieuse. Ses frères me mirent à la porte me traitant d'irrespon-
sable. Angela et moi sommes parties à l'hôpital sur le champ.
J'ai demandé à Alima de rester à la cérémonie de sa mère. C'est
donc sa grande sœur qui nous a accompagnées.

Pendant que j'étais à l'hôpital, monsieur Brooke m'appela en vain, pour me dire qu'il partait. Angela lui expliqua

la situation et il appela Tips en colère. Ce dernier vint à l'hôpital me voir. Je lui demandai d'aller plutôt voir Alima. Il refusa en me faisant savoir que c'était trop risqué. Il paya les frais d'hospitalisation et me chargea de dire à Alima qu'il l'appellerait bientôt.

Pendant ma convalescence, monsieur Brooke me fit savoir qu'on ne se verrait plus pendant 6 mois parce qu'il avait des affaires à gérer. Au fond de moi, je savais qu'il était marié. Je ne savais pas ce qu'il planifiait, mais j'ai accepté. Angela étant à mes côtés, me dit de laisser monsieur Brooke parce que j'étais trop amoureuse et que je n'avais pas de vie.

Elle et Alima avaient remarqué que depuis que j'étais avec monsieur Brooke, j'étais souvent malade ou j'avais des problèmes inutiles chaque fois qu'il revenait et j'étais obligée de dépendre de lui. Il me laissa le cabinet et me paya des certificats pendant que j'étais à l'université.

En sortant de l'hôpital, j'ai rencontré un homme du nom de Maxime qui s'est proposé de me déposer à la maison. Maxime était beau, il avait une fille métisse et il vivait aux USA.

Je l'ai présenté à Alima et Angela. Et cette dernière, avec ses intuitions, me fit comprendre que Maxime n'était pas clair. Maxime et moi avions commencé une relation pendant qu'il faisait ses allers-retours entre les USA et la

Côte d'Ivoire. Il me prit un appartement, et Alima vint m'y rendre visite. Elle me dit qu'elle ne pouvait plus rester au pays parce que les choses devenaient compliquées. Il fallait qu'elle parte en Europe. Elle se plaignait du fait que Aynar était parti en Europe et Ismaël ne lui parlait plus. Elle m'avoua même qu'elle était allée voir une voyante qui lui avait dit que Ismaël « volait sa chance » pour le broutage, et qu'il fallait qu'elle fasse attention à lui.

Je demandai à Alima comment nous allions faire puisque nous étions de simples étudiantes qui dépendaient d'hommes mariés. Alima me rappela que ses parents étaient morts, qu'elle était la dernière de la famille et toute la famille comptait sur elle. Elle devait donc réussir à tout prix. Elle continua en me parlant du réseau de Kalil pour aller en Europe.

Je lui fis comprendre qu'elle était belle, que nous avions « ramassé » des millions chez les hommes grâce à elle, et que les hommes se battaient pour partager leur argent avec elle. Tout ceci pour lui faire comprendre que cela n'avait pas de sens qu'elle aille en Europe sans papiers.

Elle me dit que c'était son plus grand rêve d'y aller, et me demanda de l'aider à reprendre contact avec Tips. Au même moment, monsieur Brooke m'appela me disant qu'il voudrait que je vienne au Maroc comme la date de mon anniversaire approchait. J'acceptai sa proposition à condition de venir avec mes copines. C'est ainsi qu'Alima et moi y sommes allées. Angela ne put pas faire le voyage, car elle n'avait pas fait son passeport.

Quand nous sommes arrivées, nous étions à mon appartement quand Tips vint. J'avais exigé qu'il soit là pour mon anniversaire. C'était mon anniversaire, mais nous avons reçu des personnes que nous ne connaissions pas.

Entre-temps, les résultats des examens à Abidjan ont été diffusés. J'ai reçu un email qui m'informait que j'avais validé mes diplômes. Monsieur Brooke me fit un gros cadeau. Il s'agissait d'un voyage à Dubaï. On devait y aller lui et moi parce qu'il savait que j'étais amoureuse de lui et que j'aimais sa compagnie. J'étais tout heureuse quand soudain des filles nues firent leur entrée avec des gâteaux. Nous étions tous là à les regarder. Les hommes étaient heureux. Alima et moi sommes rentrées dans la chambre. Elle préparait son plan pour soutirer le plus d'argent possible à Tips pour Kalil, car Tips ne la calculait pas pendant la soirée. Il a même osé accuser Alima d'avoir gâté son foyer. Alima n'avait pas sa langue dans la poche, elle insulta alors Tips en le traitant d'idiot qui avait pris toute sa jeunesse. Monsieur Brooke m'obligeait à regarder les filles s'exhiber dans le salon, comme l'affaire ne le regardait pas. On aurait dit que les hommes avaient transformé mon appartement en salon de striptease. Après sa dispute avec Alima, Tips partit de la fête.

Le lendemain matin, je me suis retrouvée couchée au salon avec monsieur Brooke. C'était la première fois depuis notre connaissance. Alima nous a fait du thé chaud et monsieur Brooke a passé la journée avec nous. Pour la première fois, l'homme occupé et invisible était disponible.

Alima me regardait et trouvait la situation incroyable, mais vraie et m'interpella et me disant que j'étais amoureuse et que c'était un piège parce qu'on ne tombe pas amoureuse d'un homme comme monsieur Brooke. Elle continua en disant que c'était dangereux pour moi. Cet échange a eu lieu dans la cuisine, bien évidemment en l'absence de monsieur Brooke.

Je la croyais jalouse parce que sa relation n'était pas rose. J'ai alors appelé Angela qui m'a dit la même chose. On devait rentrer au pays quand Tips vint à mon appartement et dit qu'il voulait qu'Alima et lui restent pour un bon moment. Je demandai à Alima ce qu'elle décidait de faire.

Elle accepta de rester au Maroc et moi je suis rentrée à Abidjan.

Je suis arrivée à l'appartement d'Angela où je vivais

avec elle. Elle me fit comprendre qu'elle n'avait pas payé le loyer et qu'il fallait que je parte à ma banque retirer de l'argent rapidement pour le loyer.

J'ai constaté à mon arrivée qu'il y avait des personnes étrangères à la maison. Je demandai alors à Angela qui elles étaient. Elle m'expliqua qu'il s'agissait d'amis de longue date. Soudain, une odeur atroce traversa mon nez, je décidai alors d'aller rester dans mon appartement avec Maxime.

Je m'approchais de plus en plus de Maxime, car il était aux petits soins avec moi. Un jour, il m'annonça qu'il voulait m'épouser. J'ai appelé mes copines pour leur annoncer la bonne nouvelle. Angela me dit qu'elle ne l'aimait pas du tout et Alima me fit savoir que si cela pouvait me faire laisser monsieur Brooke, alors elle était d'accord.

Quelque temps plus tard, Alima m'informa qu'elle avait embarqué. Je le lui demandai pour où et elle me dit pour l'Espagne. Elle m'apprit aussi que la femme de Tips avait fait un malaise, et que ce dernier était parti.

Alima voulait être en France parce que pour elle, c'était la clé de la réussite. Monsieur Brooke me demanda de ses nouvelles et je lui dis que je n'en avais pas. Faisant l'innocente, je lui demandai pourquoi. Il se mit à rire en disant qu'Alima avait disparu des mains de Tips.

Depuis lors, je n'ai plus eu de nouvelles de monsieur

Brooke. Il m'a envoya plus tard une grosse somme d'argent comme d'habitude, et il disparut.

J'eus des nouvelles d'Alima qui me raconta qu'elle était bien arrivée dans un village maghrébin où on les logeait. J'avais tellement peur et mal pour elle que je passais mon temps à la dissuader pour qu'elle rentre parce qu'on vivait bien ici. Elle me fit comprendre que Kalil l'avait inscrite dans une organisation d'aide. Donc elle faisait partie d'une ONG d'aide aux migrants. Elle m'expliqua que quand elle arrivera en Espagne, elle ira en France. Elle me demanda de ne pas avoir peur, de garder le secret et de ne rien dire à sa famille pour l'instant.

Quant à Brooke, il coupa complètement les ponts avec moi.

5
MA MÉSAVENTURE AVEC MAXIME

Maxime et moi, nous sommes fiancés et je suis restée au pays avec Angela qui n'approuvait pas ma décision. Elle me reprochait d'être sortie avec monsieur Brooke qui avait beaucoup d'argent et de me retrouver à présent avec « un débrouillard ». Elle estimait que je méritais mieux et que c'était dommage de laisser rentrer une telle personne dans ma vie. Pour elle, j'étais dans la cour des grands et plusieurs m'enviaient. Il n'était donc pas opportun de changer de niveau en régressant en quelque sorte.

Alors que j'étais en recherche de stage, j'ai reçu un appel d'une société d'assurances. Je ne sais pas comment ils avaient eu mon contact, mais j'ai fini par rejoindre la société.

Ma mère a accepté ma relation avec Maxime qui m'a présentée à sa famille, ils avaient un sourire hypocrite. Et moi j'ai joué à la bête, comme si je n'avais rien remarqué de leur comportement.

Chaque fois que Maxime repartait, il me laissait toujours de l'argent pour sa famille. Il avait deux grandes sœurs aux USA avec lui et un frère à Abidjan. Ce dernier n'était intéressé que par l'argent de son frère. C'était un incapable, un boucantier qui ne vivait que pour faire l'ata-laku [1] de ses frères en Occident. Malheureusement, il existe ce genre de personnes qui ne vivent que de l'argent de leurs frères, avec femme et enfants.

À un moment, je me suis dit qu'il fallait que Maxime et moi ouvrions notre entreprise comme monsieur Brooke me l'avait si bien appris. Mais ce n'était pas de l'avis de son frère qui me voyait comme une profiteuse. Pendant l'un de ses voyages, Maxime et moi avions pris un appartement.

Je ne bénéficiais plus des prestations de monsieur Brooke puisqu'il avait disparu. Avec le peu d'argent qu'il me restait, plus les revenus du cabinet, j'ai décidé de créer ma propre société pour m'en sortir.

J'étais dans une relation avec un jeune homme où je ne recevais plus, mais il fallait aussi me battre et pouvoir créer une famille, ce n'était plus de l'argent facile. Je n'avais même plus le temps pour Angela. Maxime n'arrivait pas à se gérer parfois de l'autre côté. Il fallait que j'envoie de l'argent à sa famille. Et un jour, il me fit comprendre qu'on l'avait renvoyé de son travail.

Le cabinet ne me rapportait qu'un peu d'argent, mais il fallait que j'envoie de l'argent à ma mère, que j'aide Angela pour son appartement et que je fasse comme si tout allait bien chez Maxime vis-à-vis de ses parents qui ne devaient pas savoir qu'il avait perdu son boulot. La mère de Maxime était une grande hypocrite qui passait son temps à me dénigrer chez ses filles. J'étais chez eux un jour quand le frère de Maxime rentra dans la maison ivre et me demanda de partir, car selon lui, c'était à cause de moi que son frère ne lui envoyait plus d'argent. Je me suis mise en colère contre Maxime en lui demandant de rentrer immédiatement parce que sa famille ne savait pas que c'est moi qui assurais actuellement leur prise en charge financière. Ils ne savaient pas à quel point je me cassais la tête pour eux. Je n'avais plus de vie, Angela me reprochait toujours mon choix de me mettre en couple avec Maxime. Elle préférait que je reste avec monsieur Brooke, même si ce n'était pas une relation idéale, que de me faire manipuler par un Maxime inutile dans ma vie.

Un jour, quand Maxime est rentré au pays, il me fit comprendre que sa famille ne voulait plus de moi. Je l'interrogeai pour comprendre ce que j'avais fait. Il me dit qu'ils lui avaient proposé une autre femme. J'ai ainsi arrêté d'aller chez ses parents.

Quelques jours après, Maxime m'appela et me dit que nous irions à la mairie tous les deux et qu'il ferait les procédures administratives requises pour que je puisse le rejoindre aux USA. Son idée était de faire un mariage à quatre. Il m'informa que son frère serait son témoin. Je lui fis alors remarquer que son frère ne n'aimait pas. Mais il réussit à me convaincre en me disant que la situation était sous contrôle.

C'est donc tout enthousiaste que je suis allée à la mairie avec Maxime. J'ai invité Angela, qui est venue en retard toute de noir vêtue, et me dit que j'étais en train de signer ma mort. C'est donc sans parents ni famille que nous avons scellé notre union.

Maxime retourna aux USA et entama la procédure pour que je le rejoigne. Pendant ce temps, je n'avais plus d'économies. J'ai ainsi quitté l'appartement de Maxime pour rejoindre Angela dans le sien. Et je me suis rendu compte qu'Angela fumait de la drogue. Alima me l'avait dit au début, mais je lui disais d'arrêter de gâter le nom de ma sœur, parce qu'Angela était devenue comme une sœur pour moi.

Je n'avais pas le temps entre le travail, la maison et le cabinet. Angela était la seule personne avec qui j'étais. Je me suis arrangée à trouver un boulot pour elle pour qu'on puisse joindre les deux bouts. Mais malheureusement pour moi, je ne savais pas qu'Angela fumait sérieusement. Parfois elle avait des crises de colère que je ne comprenais pas, elle cachait des choses que je ne savais pas ; la maison était toujours dérangée et je passais mon temps à la ranger.

Je la fis asseoir un jour pour lui dire d'arrêter la drogue. Elle me convainquit que ce n'était que de l'herbe et rien de plus. Mais l'odeur remplissait la maison. Un jour, pendant que je dormais, je crois avoir fait un rêve où il y avait des gens devant la porte qui attendaient Angela. Quand je leur ai demandé ce qu'ils faisaient, ils m'ont répondu qu'ils étaient de passage.

LE RETOUR D'ALIMA

Un jour, pendant qu'on dormait, on tapait très fort à la porte. Quand j'ouvris, c'est Alima qui était là. Elle était toute maigre et s'est même évanouie devant la porte. On n'avait pas eu de ses nouvelles depuis très longtemps.

Je n'avais plus d'argent, j'ai dû en emprunter auprès d'un collègue pour pouvoir l'amener à l'hôpital. Visible-ment, son aventure en Europe ne s'était pas bien passée et elle est revenue à la case départ. Mais il fallait qu'elle se

réveille pour nous expliquer ce qui s'était réellement
passé.

Comme nous étions à l'hôpital, j'ai décidé de voir un
médecin qui s'y connaissait en stupéfiants, car j'avais l'impression qu'Angela prenait autre chose que de l'herbe.

J'ai expliqué la situation à Maxime avec qui j'étais
souvent au téléphone, il me rassura en disant que ce n'était
rien de grave. Il la trouvait lucide, mais moi non, ce constat
m'inquiétait et je me demandais ce qui allait se passer à
l'avenir si je rejoignais Maxime et qu'elle et moi nous ne
nous voyions plus. Je crois que les femmes sont plus vulné-
rables à la consommation de la drogue que les hommes et
si elles s'y accrochent, cela peut être dangereux. Et j'avais
l'impression qu'elle appartient à un groupe, ce qui ne faci-
litait pas les choses.

Je pense que son problème résidait dans sa quête de
réussite et son manque d'affection parentale, ce qui la fati-
guait. Maxime me dit : "Pourquoi paies-tu l'appartement
d'ailleurs ? Et qu'est-ce qu'elle fait de son héritage ?" Je lui
répondis que c'était pour aider sa mère. Maxime m'ouvrait
les yeux sur certains points.

Le docteur décida qu'Alima allait dormir à l'hôpital. Il
fallait que je trouve de l'argent pour l'aider. J'ai appelé
Tips, mais je n'ai pas eu de retour. Angela et moi sommes
donc rentrées à la maison, et nous avons pris les vêtements

et chaussures de marque que j'avais pour les mettre en vente le plus rapidement possible afin d'aider Alima.

Pendant que nous faisions le tri des choses à vendre, j'ai retrouvé un gros sachet de drogue dont j'ignorais la présence. J'étais en colère contre Angela et j'attendais des explications de sa part. Elle me fit comprendre que sa première cigarette, elle l'avait prise dans le sac de sa mère. En effet, Angela était une fille de mère célibataire qui était tombée enceinte d'un riche homme d'affaires qui avait reconnu la grossesse.

Angela était en manque affectif parce qu'elle se disait qu'elle était la fortune de sa mère. Déjà quand nous étions petites, elle me faisait comprendre qu'elle ne sortait pas pour ne pas se blesser parce que sa mère ne voulait pas de problèmes avec son père. Elle a fait les grandes écoles françaises grâce à son père. Mais elle me faisait comprendre que sa mère ne payait pas toujours son école parce qu'elle devait voyager avec son argent de scolarité. C'est là que sa dépendance a commencé.

Elle avait un ami appelé Brice qui est allé plus tard en Europe. Brice avait beaucoup d'argent, et Angela et lui se fréquentaient bien avant qu'elle et moi ne nous retrouvions. Je le trouvais efféminé. Il vivait avec le mari de sa mère qui était de nationalité française et de peau blanche, pendant que sa mère grande avocate à la cour d'Abidjan était occupée au travail. Angela m'a avoué que Brice se faisait sodomiser par son beau-père qui leur donnait beaucoup d'argent.

Elle, avec son manque affectif et lui, avec la liaison secrète avec son beau-père, prenaient de la drogue pour « oublier » leurs mères pratiquement jamais présentes.

Le père d'Angela ne faisait que donner de l'argent à sa mère jusqu'à ce qu'il meure et après sa mort, sa mère n'avait plus d'argent pour l'aider, puisque c'était l'argent de son père qu'elle utilisait. Elle a rencontré un autre homme qui lui a ouvert un salon de coiffure, ce qui a emmené Angela à travailler avec elle jusqu'à ce qu'on se rencontre.

Dans le temps, on entendait parler de Brice sans le connaître et j'étais étonnée quand j'ai entendu son histoire, parce que Brice avait toujours du monde autour de lui dans les endroits très chers. Les gens racontaient qu'il était le fils de la plus grande avocate du pays, c'est pourquoi ils avaient de l'argent. Ils étaient toujours dehors dans les boîtes de nuit, les grands restaurants, même dans les plus grands défilés. J'ai même eu à les rencontrer parfois au casino quand je sortais avec monsieur Brooke.

J'ai compris pourquoi Angela était parfois énervée pour rien, elle jalousait le fait que je sois avec Alima tout le temps. Elle m'a avoué que j'étais sa seule amie qui ne se droguait pas. Elle disait aussi connaître Ismaël depuis longtemps. En effet, elle l'avait croisé dans un couloir de drogue, et c'est la raison pour laquelle lui et ses amis venaient à la maison chez elle.

Tout son entourage se droguait. Pendant un temps, elle avait l'impression que personne ne l'aimait. Tous ceux qu'elle avait comme amis disparaissaient après que l'argent était fini. Elle essayait de s'en débarrasser, mais elle n'y arrivait pas. À chaque fois que je voyageais avec monsieur Brooke, elle en prenait. Cela soulageait sa solitude puisque Brice était parti en Europe avec son beau-père.

Maxime me demandait toujours ce qu'Alima faisait avec l'argent de son héritage. J'ai compris que tout l'argent allait dans la consommation de drogue. J'ai ainsi pris la décision d'aider Alima et de ne plus la laisser seule. Et j'ai réalisé que la communication était la seule arme qui pouvait aider.

Alima attirait parfois mon attention, mais je ne savais pas que les deux se chamaillaient. Elles avaient l'habitude d'aller consulter pour des hommes. Pour ma part, c'était monsieur Brooke qui constituait mon problème. Je rêvais de voyager et de faire ma vie avec lui. J'étais dans une situation où mes meilleures amies étaient en proie à des problèmes : Alima à l'hôpital et Angela avec une affinité pour la drogue. D'après ce qu'elle me disait, elle ne prenait que de l'herbe et considérait que ce n'était rien de grave.

Après avoir écouté Angela, je lui ai demandé d'arrêter. On n'avait plus d'argent et je devais m'occuper de la famille de Maxime, le temps que sa situation se rétablisse. Je devais aussi m'occuper de ma mère qui s'était battue pour que je puisse aller à l'école. Et voilà Alima qui revenait dans un état pas rassurant. La vie n'était plus comme avant.

Angela décida d'appeler Brice pour qu'il nous vienne en aide. Ce dernier répondit ceci : « Alima, je te payais pour que tu sois avec moi. Depuis mon enfance, je paye les gens pour être avec moi. Si tu veux de l'argent, je peux te présenter à des personnes qui peuvent t'aider c'est de ça que je vis ». Je demandai à Angela de laisser tomber, et j'empruntai une importante somme d'argent au cabinet de monsieur Brooke pour aider Alima. Je me suis donc endettée.

Alima était en convalescence. Nous étions chez Angela et je devais payer le loyer. Je vivais de ma paie du travail et il fallait qu'on ait plus d'argent. Alima nous raconta que Kalil, le passeur avait été tué à la frontière. C'était horrible ! Kalil avait enregistré Angela pour être agent d'une organisation et il s'avéra que l'organisation était une organisation de trafic. Les dirigeants se sont enfuis avec tout l'argent. Elle avait perdu toutes ses économies de ces dernières années. C'était vraiment un retour à la case départ.

On se cachait pour rentrer à l'appartement d'Angela pour ne pas se faire attraper par le propriétaire. J'en avais marre de cette vie. On n'arrivait même pas à manger. Il fallait que je travaille dur pour rembourser le prêt contracté auprès du cabinet de monsieur Brooke. Je n'arrivais pas à joindre les deux bouts.

Un soir pendant que je dormais, Angela et Alima sont allées voir leur fameuse dame, la voyante qui leur a remis des potions avec lesquelles elles se lavaient. Ma mésaventure avec Cheick les années antérieures m'a laissée perplexe sur ces pratiques. Je me suis promis de ne plus jamais céder. L'odeur était tellement forte que je suis sortie de la maison. En sortant, j'ai vu le nouveau voisin, il était beau et grand de taille. Il avait une belle voiture et il disait qu'il déménageait de l'immeuble. Il voulait savoir si Alima était là. Ils s'étaient rencontrés à l'aéroport et c'est lui qui l'avait déposée la dernière fois. J'étais toute contente, peut-être qu'Alima allait rencontrer l'homme de sa vie.

Je lui ai demandé de patienter chez lui pendant que j'allais appeler Alima. J'ai couru la chercher, mais elle n'était pas disponible. J'ai donc donné rendez-vous au voisin pour le lendemain. Il s'appelait Batimet et venait d'une famille modeste. Je me demandais bien si Alima allait accepter de sortir avec lui parce que nous étions habituées à des hommes riches qui nous payaient tout.

À chaque fois que je rentrais du travail, je voyais Alima et Batimet en train de parler. J'attendais qu'elle me dise ce qu'il en était, mais c'est Angela, madame affairée[2] qui me fit savoir que le frigo était rempli. Je compris tout de suite que nous avions un pourvoyeur et je dis à Angela que nous allions bien manger.

Alima avait même fait à manger pour Batimet. J'étais contente à l'idée qu'Alima ait trouvé quelqu'un. Elle avait repris des formes et commençait à être amoureuse. Sa mésaventure était peu à peu derrière elle. Angela, de son côté, avait commencé une relation avec un jeune homme à son boulot. En ce qui me concerne, j'étais avec Maxime.

Un soir, je suis rentrée à la maison et elle était bien rangée. Maxime me fit une demande surprise. J'étais tout heureuse. Nous sommes ensuite allées à San Pedro pendant que les filles étaient restées à Abidjan. Alima m'envoya des photos d'elle et Batimet qui prenaient l'avion pour le Burkina. Elle me dit que c'était un voyage d'affaires. Avec Batimet, Alima était très contente et j'étais heureuse qu'elle puisse s'enlever de la tête cette idée d'aller coûte que coûte en Europe.

Durant le séjour de Maxime, nous sommes allés un

soir chez ses parents. Pendant que nous y étions, sa mère l'appela dans la chambre et lui dit qu'on lui avait trouvé une femme d'origine guinéenne et qu'il devrait se marier avec elle. À l'instant, Maxime me demanda de sortir de la maison. J'étais dépassée par l'attitude de sa mère alors que je me cassais la tête à chaque fête pour leur envoyer de l'argent. J'étais vraiment déçue et je ne savais pas où mettre la tête.

Quand nous sommes rentrés, Maxime me fit savoir qu'il voulait qu'on aille en Turquie. Nous avions fait les formalités administratives nécessaires et sommes partis. Pendant notre voyage, je suivais l'actualité d'Angela sur les réseaux. Elle prenait des photos dans des endroits super chics où nous allions autrefois. Je savais qu'Angela n'avait pas d'argent, je lui ai ainsi demandé qui elle avait rencontré et qui lui donnait tout cet argent pour aller dans nos endroits d'avant. En effet, c'est l'argent de monsieur Brooke et de Tips qui nous permettait d'avoir un tel train de vie. Elle me répondit qu'elle avait de l'argent grâce à son boulot et qu'elle utilisait le peu d'héritage qui lui revenait.

Après notre voyage, Maxime est rentré aux USA. Quand je suis arrivée à la capitale, Alima me dit qu'elle reprenait l'école et que Batimet lui avait payé les cours dans la plus grande des universités et qu'elle le rejoignait à son appartement. J'étais heureuse pour elle. De mon côté, je m'activais pour rembourser l'argent du cabinet que j'ai pris pour les soins d'Alima avant que Brooke ne réapparaisse.

Quand Alima est partie de la maison, je suis restée avec Angela, mais je ne la voyais presque plus dans la maison, elle était toujours dehors. Quand je lui demandais où elle allait, c'est à peine qu'elle me répondait. Un jour, elle est rentrée à la maison et elle recevait des messages et des appels sur son téléphone. Je décidai de lire ses messages et j'ai compris que Brice l'avait mise en contact avec des hommes. J'ai aussi découvert qu'Angela racontait à Brice qu'Alima et moi étions méchantes parce qu'elle était considérée comme la ropero à qui on payait l'appartement et qui ne faisait rien. Elle lui a également dit qu'elle fera tout pour nous chasser de son appartement bientôt parce que grâce à Brice, elle aura aussi des personnes pour la prendre en charge financièrement comme ce fut notre cas.

Après lecture des messages, comme d'habitude j'ai fait asseoir Angela et je lui ai demandé ce qu'elle me reprochait en fait, parce qu'elle ne me parlait plus et je ne la voyais plus dans la maison. Très en colère, il me dit : « Tu penses que moi aussi je n'ai pas le droit d'avoir des gars friqués ? Tu as mal parce que je suis bien aujourd'hui et toi, ta vie n'est plus rose. Tu refuses d'aller consulter pour séduire les hommes parce que tu penses être arrivée. Moi aussi j'ai le droit de voyager, d'ailleurs je vais à l'hôtel, j'ai rendez-vous. »

Après ces paroles d'Angela, j'étais en pleurs. J'ai pleuré toutes les larmes de mon corps. Je n'y croyais pas ! Je n'en revenais pas qu'elle ait pu me parler de la sorte. J'ai appelé Alima pour lui expliquer ce qui s'était passé, elle me dit de la laisser dans sa « crise ». J'ai alors décidé d'aller chez ma mère et de lui laisser son appartement, cela me faisait une charge en moins.

Maxime eut des histoires avec sa famille et moi je ne me sentais pas bien, Alima vint alors me voir avec une belle voiture que lui avait offerte Batimet. J'étais tellement heureuse pour elle que je lui dis : « Après la souffrance, la récompense. C'est avec toi que je vois tout ça ».

Elle me dit que Batimet et elle partaient à Dubaï où elle allait récupérer des vêtements, car il lui a ouvert un magasin de vente de vêtements. J'ai crié de joie !

En parcourant les réseaux sociaux, je fus surprise de voir Angela dans des endroits chics avec ses anciens camarades d'école qui l'avaient abandonnée. Je ne dis rien. Je lui envoyais des messages, mais elle ne répondait pas jusqu'à ce que Alima l'appelle pour l'engueuler. C'est ainsi qu'Angela me retrouva chez ma mère pour me rendre visite comme j'étais malade. Quand elle est arrivée, elle avait totalement changé. Elle avait des mèches humaines et des talons de marque. Et il paraît qu'elle avait une maquilleuse personnelle. J'étais super étonnée et je lui ai dit que si sa nouvelle vie lui faisait plaisir, je n'avais aucun souci avec cela ; elle pouvait vivre à l'aise. Mais elle avait l'air vraiment gonflée.

Ce jour-là, j'avais rendez-vous avec des clients pour le cabinet et je lui ai demandé de m'accompagner. Quand nous sommes arrivées, je devais les recevoir dans le hall et j'étais très faible. C'étaient des investisseurs que je voulais mettre dans le capital de la société.

Pendant que je parlais affaires avec eux, Angela avait disparu pendant un bon moment. Concentrée sur ma réunion, je fus surprise de la voir environ une heure après, assise derrière moi comme ma secrétaire. Elle avait changé de vêtements. Mes clients n'avaient d'yeux que pour elle. Pendant que je cherchais à les convaincre à investir dans le cabinet, Angela discutait d'autres choses avec les clients. J'étais très en colère, je l'ai appelée dans les toilettes, mais elle l'a mal pris et s'est mise aussi en colère. Elle prit la parole et me dit que je ne voulais pas son bonheur, qu'elle m'en avait déjà parlé la dernière fois. Elle me traita de méchante. Je lui rappelai que c'est grâce à ce cabinet que nous arrivions à vivre. Elle me fit alors comprendre qu'elle était une grande fille, qu'elle savait se débrouiller et que je n'étais pas sa mère.

J'étais choquée de constater le changement d'Angela, ma chère Angela, pour qui j'avais tant fait. Je désirais ardemment qu'elle ne se drogue pas, mais elle semblait suivre un autre rythme de vie. D'après ce qu'elle me racontait, elle connaissait plus d'hommes que moi. Ce constat m'a surpris, et après la cérémonie, je suis rentrée chez moi, la laissant sur place. Cependant, je ne voulais pas perdre mon amitié avec elle, alors j'ai décidé de l'inviter à mes réunions. Je la laissais agir comme elle le souhaitait, mais personnellement, je retournais chez ma mère.

Quand Alima est revenue, elle me fit savoir que j'étais très pâle et qu'il fallait qu'on aille à l'hôpital. Nous y sommes allées et avons fait les examens. Résultat : j'étais enceinte. Eh oui, j'étais enceinte de Maxime ! Je lui ai annoncé la nouvelle, il ne tarda pas à le dire à sa mère, qui exigea que je reste chez elle. Mais je n'étais pas de cet avis. Elle me fit comprendre que c'était la coutume. Finalement, Maxime décida que je resterais chez son frère le temps que mes papiers soient finalisés. Eh oui, Maxime avait entamé la procédure d'immigration pour que je parte le rejoindre !

Alima me dit que c'était la meilleure des idées, car Batimet et elle iraient bientôt en Europe. Elle se préparait pour cela, c'est pourquoi elle avait ouvert le magasin de vente de vêtements et faisait beaucoup de voyages vers l'étranger.

J'étais donc obligée d'aller chez le frère de Maxime, mais malheureusement pour moi, je ne savais pas que je devais être la femme du grand frère. Je devais tout faire dans la maison avant d'aller au travail alors que j'étais enceinte. Il fallait préparer la nourriture. Je n'étais pas habituée à un tel rythme avec le cabinet et le boulot. J'ai alors demandé à Maxime de me prendre une servante. Sa mère en a profité pour me traiter de paresseuse.

Pendant un bon moment, je n'avais plus de nouvelles d'Angela. J'ai essayé de l'appeler, mais elle avait une nouvelle amie appelée Brigitte, qu'elle avait rencontrée au travail. Brigitte était celle qui savait tout. Elles sont venues me voir, mais le grand frère de Maxime les a mises dehors. Quand il a vu Brigitte, d'après lui c'était une fille de bar que j'avais ramenée chez lui. Je me suis excusée auprès des filles.

Quelque temps après, j'ai reçu un long message d'Angela qui me disait qu'elle avait consulté une dame et que cette dernière lui avait dit que Maxime et son frère avaient fait des pratiques occultes contre moi et qu'il fallait que je me sépare de Maxime sinon j'allais mourir.

J'ai envoyé le message à Maxime qui s'est disputé avec Angela plus tard. Cependant Maxime n'envoyait pas d'argent et je devais gérer aussi bien le loyer de son frère que l'hôpital et les courses de la maison, sans compter le fait qu'il me demandait d'aider sa famille de temps à autre.

Un jour à mon retour du boulot, le frère de Maxime, ivre s'est mis à crier sur moi en ces termes : « Femme de malheur, à cause de toi, mon frère n'a plus rien. Tu prends tout son argent ». J'ai couru me cacher dans la douche. Il s'est couché au salon. Le lendemain au réveil, il s'est excusé en me demandant de ne pas le dire à son frère. J'ai donc gardé le secret, je l'ai seulement dit à Alima.

Pendant ce temps, Alima avait obtenu son visa de tourisme pour la France. Elle est venue me voir avec un gâteau pour célébrer cette victoire. Nous avons pleuré et je me suis agenouillée devant Batimet parce qu'il était une joie pour nous.

Je devais accompagner Alima à l'aéroport, mais le frère de Maxime a refusé, car d'après lui une femme enceinte ne sortait pas la nuit. En tout cas, j'étais toute contente pour Alima. J'ai pleuré toute la nuit et j'attendais que ma Alima arrive enfin au pays de ses rêves. Quand elle est arrivée, elle m'a appelé pour me dire qu'elle était bien arrivée et qu'elle reviendrait sur Abidjan dans un mois.

De temps en temps, elle me racontait leur séjour. Cela me mettait en joie et me faisait oublier ma misère avec le frère de Maxime qui m'insultait à chaque fois qu'il était ivre. Je ne considérais plus ses injures et je rentrais toujours dans la chambre en parlant avec Alima.

Quant à Angela, elle vivait la belle vie avec tous ses gars jusqu'à ce qu'un jour, en rentrant du travail, je la trouve devant ma porte. Je lui ai demandé ce qui se passait et elle s'est mise à pleurer. Je l'ai alors fait rentrer dans la maison. Elle m'avoua qu'elle était entrée dans un groupe d'*escort girls* sur Internet où elles étaient payées par des hommes riches qui leur donnaient de l'argent et qu'elles devaient remettre l'argent à une dame qu'elles appelaient la Mama. C'est elle qui les « branchait » aux hommes.

J'ai alors réalisé que mon amie était fatiguée de cette vie, je l'ai serrée dans mes bras et je lui ai dit qu'on allait trouver une solution. Je lui dis alors qu'il fallait qu'elle travaille, mais elle me dit non. Elle voulait que je la « branche » à des hommes forts avec qui je travaille. Je lui ai fait qu'Alima et moi sortions avec des hommes mariés qui sont venus à nous, mais nous n'avions jamais fréquenté des groupes d'escort girls ou un quelconque groupe de ce type, et qu'aujourd'hui, nous aspirions à vivre une autre vie. C'est pourquoi j'étais avec Maxime. Elle me dit que ma vie n'avait rien d'enviable et que j'étais devenue bêtement une servante chez le frère de Maxime. Elle poursuivit en me disant que je n'étais pas heureuse, que je sortais avec un menteur et que je ne savais même pas ce qu'il faisait aux USA. Je lui avouai alors que j'irai bientôt le rejoindre aux USA, et je l'ai exhortée à changer de vie, car moi j'essayais au mieux de ranger la mienne. Ce même soir, le frère de Maxime est rentré en reprochant d'avoir laissé rentrer ma « camarade prostituée ». Angela l'envoya balader et le traita de fou drogué. J'ai accompagné Angela à son taxi et quand je suis remontée, le frère de Maxime a recommencé ses injures. Ce jour-là, j'ai appelé Maxime pour qu'il entende son frère. J'en avais marre ! Au bout du fil, c'était la voix d'une dame. Je lui dis que je voulais parler à Maxime et j'entendis la voix d'un bébé. Quand j'ai demandé à Maxime qui c'était, il me fit savoir que c'était une amie qui squattait chez lui. Je lui dis OK et je lui demandai d'écouter ce que son frère disait. Maxime se mit en colère et me dit de retourner chez ma mère le soir même. Il s'étonna de ce que je ne lui avais rien dit avant. Je lui fis alors comprendre que je ne voulais pas créer de problèmes de famille puisque sa mère ne m'aimait pas.

Pendant qu'ils se disputaient au téléphone, son frère porta la main sur moi et je suis tombée dans les escaliers. Heureusement pour moi, les voisins qui ont suivi la scène m'ont transporté à l'hôpital. Durant ma convalescence, les parents de Maxime sont venus me rendre visite et ils ont voulu appeler ma famille, mais j'ai refusé pour ne pas créer de problèmes. J'ai fait plusieurs jours à l'hôpital et un jour, le médecin m'annonça que j'avais perdu le bébé.

Maxime était en route pour la capitale quand Angela vint tout en colère et cria sur la famille de Maxime et menaça de les dénoncer chez mon père. À ma sortie de l'hôpital, je suis allée chez Angela et Alima, revenue de son voyage vint rester avec moi chez Angela pendant ma convalescence. Elle me dit qu'elle avait vu Tips et monsieur Brooke en France avec deux jeunes filles. J'avais mal parce que monsieur Brooke m'avait bloquée sur tous les réseaux.

Angela alla récupérer toutes mes affaires chez le frère de Maxime. Quand elle est rentrée, elle m'annonça une nouvelle qui m'évanouit : Maxime vivait avec une femme aux USA avec qui elle avait eu un enfant. J'ai insulté Angela et j'ai appelé Maxime qui ne m'a pas dit le contraire. J'avais l'impression que c'était la fin du monde. Alima et Angela me serrèrent fort dans leurs bras et nous nous mîmes à pleurer toutes les trois. Tous ces efforts pour rien ! Angela me reprocha d'avoir forcé le mariage et d'avoir été aveuglée par l'amour.

Maxime arriva chez Angela qui le menaça de porter plainte contre lui au commissariat s'il essayait de rentrer dans son appartement. Brigitte, la nouvelle amie d'Angela me proposa de prier, car c'est ce qu'elle faisait quand elle avait mal. Je ne parlais plus, je priais simplement et je suivais les messes à l'église non loin de chez Angela, puisque je vivais toujours chez elle, loin de mes parents, car je ne voulais pas que mon père sache que j'avais eu un problème avec ma belle-famille. Le travail et la maison étaient mes priorités. Les soirs, je partais à l'église et j'ai eu l'impression de n'avoir jamais connu le vrai amour dans ma vie.

Pendant qu'Angela sortait avec ses amis en boîte de nuit, et avait des hommes de gauche à droite, je n'avais pas la tête à me préoccuper d'elle. Je la laissais faire sa vie. Alima était dans sa relation avec Batimet. J'attendais au moins que mon amie se marie pour « compenser » le mariage de rêve que je n'ai pas eu.

LE VRAI VISAGE DE BATIMET

Un soir l'embouteillage était atroce. J'ai alors décidé de m'asseoir à l'église pour faire des prières, c'était un vendredi de confession. Je me suis dit peut-être c'est le fait d'avoir été avec monsieur Brooke qui avait un impact sur ma vie actuelle, sachant qu'il est marié même s'il ne me l'a jamais dit. Quand mon tour de confession arriva, le prêtre me reçut et quand je levai la tête c'est Batimet que je vis. Très surprise, je lui demandai ce qu'il faisait là. Il me dit que je me trompais de personne. Je suis rentrée à la maison sans dire un mot. J'ai appelé Alima qui était au magasin et je me dis qu'elle était trop heureuse et que je ne pouvais pas gâcher sa joie. J'ai appelé Angela sur le champ, elle me recommanda de ne rien lui dire pour l'instant. J'avais vraiment mal pour elle. Elle sortait d'une mésaventure et grâce à lui, elle a pu aller au pays de ses rêves, et elle avait oublié l'envie d'y rester. Je ne savais pas quoi faire.

Angela me demanda de ne pas gâcher sa joie, mais j'en avais gros sur le cœur. Je n'ai rien dit à Alima, mais Angela et moi avions décidé de la mettre sur la voie pour qu'elle comprenne. J'ai invité Alima à l'église un jour de confession, mais Batimet faisait en sorte de nous éviter.

Le jour de son anniversaire, Angela vint à la maison avec Tija, la nièce de Tips. Et comme d'habitude, Angela ne manqua pas de faire part de ses problèmes d'argent. Je la fis asseoir pour en parler et elle répondit qu'elle avait besoin d'argent et que cela ne me regardait pas, je n'avais qu'à me contenter de mes prières. Elle se mit tout d'un coup en colère et me fit savoir que Maxime avait appelé un jour quand je dormais et qu'elle lui avait dit que je ne voulais plus le voir et je demandais le divorce. Elle continua en s'adressant cette fois-ci à Alima. Elle la traita d'hypocrite et mentionna le fait qu'elle sortait avec le prêtre de la paroisse, faisant ainsi allusion à Batimet. Elle termina en nous demandant d'arrêter de la juger parce que nous n'étions pas non plus parfaites.

Alima se mit en colère et se bagarra avec Angela, qui mentionna ensuite que c'était moi qui avais vu Batimet dans la paroisse. Alima était furieuse et quitta les lieux. J'étais également en colère contre Angela qui avait osé parler devant Tija. J'espérais tout de même qu'elle ne lui avait pas dit qu'Alima sortait avec son oncle.

Je suis allée consoler Alima, qui était en colère contre tout le monde et avait décidé de changer de vie, voulant faire mieux que fréquenter des brouteurs et des hommes mariés. Elle pleurait beaucoup, gâchant ainsi la joie de la journée.

Plus tard, Angela est revenue nous retrouver et s'est mise à pleurer avec nous. Sans hésitation, elle a ajouté que la femme de Tips avait accouché à nouveau, mais d'une fille encore. Alima trouva cela amusant et rit. Angela poursuivit en nous informant que Tija nous invitait toutes. Je dis à Angela que Tija n'était pas vraiment notre amie, mais c'est elle qui l'avait obligée à nous envoyer des invitations pour se faire pardonner en quelque sorte de ce qu'elle nous avait fait durant son dernier épisode de colère.

Malgré tout, on appréciait bien la folie d'Angela, mais nous étions tout de même inquiètes au sujet de sa relation à la drogue. Nous lui avons fait un câlin et sommes allées en boîte pour fêter son anniversaire.

Le lendemain matin, Batimet est venu nous parler. En effet, il n'a jamais voulu être prêtre, c'était la volonté de sa famille et surtout de sa mère, mais il était obligé de le faire indépendamment de sa volonté. Alima lui fit comprendre qu'il avait brisé ses rêves. En effet, elle pensait qu'elle avait à nouveau quelqu'un de « normal » dans sa vie, mais elle se retrouvait avec un prêtre. Elle préférait sortir avec un homme marié qu'avec un prêtre. Elle lui dit qu'elle allait lui revenir. Il fallait qu'il lui laisse du temps pour réfléchir si elle voulait rester dans une telle relation.

Quelque temps après, c'était le baptême de la fille de Tips. Nous étions invitées par sa nièce Tija. Nous sommes allées à l'église, et quand Alima a vu Batimet faire la messe, elle s'est mise à trembler.

Heureusement pour nous, la femme de Tips ne nous a pas vues. En revanche, moi je tenais à voir Tips pour avoir à nouveau le contact de monsieur Brooke. De son côté, Alima allait perdre le magasin puisqu'elle ne voulait plus de Batimet. Quant à Angela, on ne savait pas ce qu'elle faisait de son argent. Elle passait son temps à s'acheter des habits et des mèches sans même penser à manger.

Alors que nous étions à la fête de Tips, j'ai demandé à Alima de ne pas venir. Elle est quand même venue.

Pendant la cérémonie, la femme de Tips passa son temps à me regarder. Alima alla menacer Tips qui était toujours sous son charme. En ce qui me concerne, de peur que la femme de Tips me tabasse encore, j'ai simplement demandé à Tips de dire à monsieur Brooke de m'appeler.

Alima repris sa relation avec Tips et revint à son idée d'aller vivre en Europe. Je ne savais pas quoi faire pour mon amie, j'avais mal pour elle. Il y a des moments où j'espérais que le petit bonhomme me donne des solutions pour elle, mais hélas rien ! Pendant ce temps, Angela faisait la star sur la toile.

C'était mon anniversaire et à chacun de mes anniversaires, monsieur Brooke revenait toujours, quelle que soit l'atmosphère, qu'on soit ensemble ou pas. J'ai alors prié pour qu'il revienne. Toute la journée, j'ai appelé Tips, lui demandant de m'aider à rentrer en contact avec monsieur Brooke. Alors que j'étais dans l'attente de la mise en contact, j'ai reçu des fleurs au boulot. C'était de la part de Maxime. Batimet aussi me fit des cadeaux pour que je l'aide à reconquérir Alima. J'attendais toujours le cadeau de monsieur Brooke, mais rien n'arriva dans la journée. Le weekend, alors que je perdais espoir, je reçus un appel de notre hôtel habituel et la personne me fit savoir que mon mari m'attendait à la chambre 615.

J'étais devenue comme une folle ! La chambre 615 équivalait à robes, vêtements et désirs de monsieur Brooke. J'ai reçu un dépôt d'un million sur mon compte mobile money pour la route, c'était sa somme fétiche quand nous étions en palabres[3].

Arrivée à l'hôtel, j'ai couru à la chambre. Effectivement il y avait ma robe ainsi que la coiffeuse et la maquilleuse de l'hôtel. J'allais retrouver monsieur Brooke pour mon anniversaire. J'ai appelé les filles pour leur dire.

Il était toujours en réunion, mais j'étais habituée. J'ai donc mangé et je me suis endormie. À mon réveil, j'ai vu la somme de cinq millions et un mot qui me disait d'aller m'amuser avec mes copines. Par ce mot, monsieur Brooke m'informait également qu'il avait pris son vol et qu'on se reverrait bientôt. J'ai commencé à pleurer et j'ai appelé Angela qui n'était pas disponible parce qu'elle « gérait un client ». J'ai donc appelé Alima qui me fit savoir qu'elle était avec Tips et ils étaient à la recherche d'un appartement pour elle.

UNE NOUVELLE RELATION AMICALE

Je me suis assise dans le hall de l'hôtel avec l'argent. Comme je savais bien comment fonctionnait Angela, je fis une photo de l'argent et je la lui envoyai. Elle ne tarda pas à arriver. Mais avant qu'elle n'arrive, je vis un visage qui m'était familier. C'était un jeune du groupe dans lequel je travaillais avant. Il était beau, clair de peau, grand de taille, et s'appelait Boué. Il me demanda ce que je faisais là toute seule. En fait, j'étais désespérée et en pleurs. Je fis alors ce que je n'avais jamais fait : je lui ai expliqué tout mon parcours amoureux sans même m'arrêter, et il s'est moqué de moi. Angela nous a rejoints et pris également part à la discussion. Elle me fit savoir que la dame chez qui elle partait consulter lui avait dit que monsieur Brooke prenait ma chance et à chaque fois je tombais malade. Alima et elle ne voulaient plus que je le fréquente. En revanche, elles ne trouvaient aucun inconvénient à profiter de l'argent qu'il me donnait.

Boué et moi sommes devenus amis. Puisque les filles n'avaient pas mon temps, j'étais donc presque tous les jours avec lui. On faisait des courses et on passait beaucoup de temps ensemble jusqu'à ce qu'il me dise qu'il était amoureux de moi. Je n'avais personne, donc pourquoi ne pas céder ? Il me parla de sa relation antérieure qui le rongeait, et me demanda ensuite de me défaire des vêtements de marque, des bijoux et de tout ce que monsieur Brooke m'avait offert. J'étais contente à l'idée de refaire ma vie avec une personne simple qui ne cherchait que mon bonheur. Boué m'a aussi demandé de quitter l'appartement d'Angela et de retourner chez ma mère. J'ai donc annoncé à Angela que je partais, elle se mit en colère, estimant que je l'abandonnais. Mais la vérité est qu'elle ne dormait plus à la maison depuis un moment, elle était souvent chez Brigitte.

Quant à Alima, elle continuait sa relation avec Tips. Un jour, elle m'invita dans une grande villa. C'était Tips qui la lui avait achetée. Elle disait être sa deuxième femme et en était fière. Je lui fis alors remarquer que la femme de Tips était dangereuse et qu'il fallait qu'elle fasse très attention. Elle me révéla que Tips avait informé sa femme de l'existence de leur relation et que Tips l'avait même présentée à sa mère. Elle m'énerva parce que je ne comprenais pas comment, à son âge, elle pouvait s'incruster dans le foyer d'une autre femme, sans aucune gêne. Elle se justifia en disant qu'elle n'avait plus de parents, et que tous les jeunes qui la draguaient étaient des brouteurs. Autrement dit, ce n'était pas sa faute si les hommes qu'elle aimait étaient déjà mariés. Il fallait bien qu'elle vive.

Pour elle, il fallait simplement supporter la situation et de toutes les façons, elle estimait être vraiment amoureuse de Tips. Donc cela avait tout son sens. Elle tenait absolument à cette villa que le statut de seconde femme ne lui posait aucun souci.

Elle ne manqua pas à son tour de me faire des remarques sur ma relation avec Boué. Selon elle, il fallait que je fasse attention, car je ne le connaissais pas vraiment. Tips arriva entre temps, ce qui interrompit notre discussion. Quelque temps après, je suis partie.

Je repris contact avec Angela, mais elle ne me répondait pas. Je continuais de mon côté ma relation avec Boué, nous étions toujours ensemble.

Un jour, monsieur Brooke m'appela et me demanda de venir au Maroc. Quand je suis arrivée, la maison sentait la rose et un mélange de senteurs. À mon entrée, je vis son pied tout blanc et quand je levai la tête, j'aperçus ses yeux bleus. Il était tellement beau et j'étais comme enivrée l'odeur de son parfum. En fait, monsieur Brooke était le seul homme que j'aimais en vérité. Nous étions tellement compatibles que j'avais l'impression de ne pas me retrouver quand il n'était plus avec moi. Angela et Alima avaient sûrement raison, il était toxique pour moi.

Monsieur Brooke m'a fait asseoir et m'a décrit tout ce que je faisais dans ma vie ces deux dernières années. En fait, il m'a fait suivre un détective privé qui scrutait tous mes faits et gestes.

Il a demandé à Angela de dire à Maxime que je ne voulais plus de lui et que je demandais le divorce alors que mes papiers pour les USA étaient désormais disponibles. Il avait donné de l'argent à Angela pour gâcher ma relation avec Maxime parce qu'il était marié et avait une femme et un enfant. Selon lui, ma vie aurait été un gâchis si j'étais restée avec lui. Il m'a demandé de prendre mes affaires et de rentrer si je pensais que ma vie avec Boué serait meilleure. Je me suis alors rappelé que Alima et Angela m'avaient dit que monsieur Brooke prenait ma chance. Moi qui pensais qu'il s'en foutait de moi, je réalisais au contraire qu'il était toujours présent dans ma vie depuis des années.

Il prit la parole et poursuivit en me disant que la femme du signe astrologique cancer aime le romantisme et est dominée par les sentiments. La preuve pour lui était que même si j'ai été violée dans le passé, j'étais amoureuse, j'aimais uniquement faire l'amour avec lui et que j'étais frigide avec les autres hommes. Il me dit que j'avais besoin d'un lien émotionnel, c'est pourquoi je ne pouvais pas avoir de relation d'une seule nuit, cela aurait du mal à fonctionner.

Après nos échanges, nous fîmes l'amour et nous endormîmes. Je croyais que monsieur Brooke partirait le matin, mais non, il était bel et bien couché à mes côtés. Pendant ce temps, Boué n'a pas arrêté de m'appeler. J'ai décroché le téléphone avec la permission de monsieur Brooke et j'ai communiqué avec Boué. Nous nous sommes ensuite préparés, monsieur Brooke et moi et avions pris l'avion pour Dubaï. Il me fit savoir qu'il devait m'offrir ce voyage pour mon anniversaire. C'était le plus beau jour de ma vie.

Nous sommes arrivés dans le plus grand hôtel de Dubaï et nous nous sommes promis de faire deux jours sans téléphone. Nous nous sommes promenés et avions fait des courses. C'était la première fois que monsieur Brooke avait du temps pour moi. Nous n'avions pas nos téléphones et j'ai appris à mieux le connaître. En fait, depuis ces années, il a toujours joué à cache-cache.

Nous devrions prendre un vol pour Abidjan après être retournés au Maroc. Nous avions donc fait les courses et sommes rentrés ensemble à notre hôtel à Abidjan. Mais monsieur Brooke devait partir, je crois que c'était un au revoir. Il m'a déposé la somme de dix millions dans mon compte et m'a retiré la gestion du cabinet. Il m'a demandé de multiplier la somme et m'a fait savoir qu'il était là pour moi au cas où. Il me donnait aussi ma liberté avec Boué.

J'ai appelé Alima sur le champ et je lui ai dit que j'allais me faire la peau d'Angela qui a gâché mon départ pour les USA. Alima me dit qu'elle était au courant et l'a fait avec Angela, car Maxime avait une autre copine à Abidjan et elles ne savaient pas comment me le dire.

Je cherchais Angela et je suis allée chez Brigitte, elles étaient assises et leurs yeux étaient rouges. Je parlais, mais Angela ne semblait pas m'entendre. Elle s'est évanouie devant moi. Je l'ai emmenée à l'hôpital et on m'a fait comprendre qu'elle était enceinte. Quand je lui ai demandé de qui elle était enceinte, elle ne savait pas. J'ai demandé à Boué de m'aider à l'amener en désintox, mais elle me fit comprendre qu'elle était bien normale et elle s'en alla avec Brigitte qui l'accompagna au tribunal concernant l'affaire de son héritage.

J'ai ensuite appelé Alima qui est allée chez Brigitte, l'insulter parce qu'elle menait Angela dans la ruine et il fallait qu'elle se sépare d'elle. Mais Angela nous demanda de ne plus nous mêler de sa vie.

C'est dans cette atmosphère avec mes copines que j'ai commencé ma relation avec Boué. J'adore les voyages et on passait notre temps à voyager dans les différentes villes du pays. Je n'avais que lui, il me déposait au travail et s'occupait bien de moi.

Je suis tombée malade à mon retour de mon voyage avec monsieur Brooke et je me suis souvenue que Alima et Angela me disaient souvent que c'était monsieur Brooke l'auteur de mes maladies. Elles estimaient que ce n'était pas de vraies maladies, mais cela avait une origine spirituelle. Elles me recommandaient depuis longtemps d'aller consulter leur voyante. Je n'y suis jamais allée.

Je continuais tranquillement ma relation avec mon meilleur ami Boué et j'étais heureuse avec lui. Il était tellement affectueux jusqu'au jour où il tomba sur un message de monsieur Brooke qui disait ceci : «J'espère que tu as apprécié notre séjour». Depuis ce jour, Boué est devenu super jaloux parce qu'il en savait quelque chose de ma vie avec monsieur Brooke. Je voulais jouer la carte de l'honnêteté en lui disant ce qui se passait afin d'avoir une relation saine, mais ça n'a pas été le cas, car mon passé a créé une rage en Boué qui disait ne pas avoir assez d'argent pour me satisfaire comme monsieur Brooke. J'ai compris pourquoi depuis le début il voulait que je laisse tout, parce qu'il était jaloux.

Je lui faisais des reproches en lui disant d'être lui-même parce qu'il n'est pas monsieur Brooke. À un moment, je trouvais qu'il exagérait. J'ai alors décidé de me retirer, mais il n'a pas manqué de demander à Alima de me parler. Alima est venue me parler en évoquant beaucoup de points négatifs, et en me traitant de menteuse. J'en étais choquée et j'ai eu l'impression que Boué me reprochait les défauts de son ex. Tout ce qu'il disait sur moi était négatif, il racontait des stupidités à Alima, car pour lui tout ce que je faisais se rapportait à lui.

En effet, je me suis retirée de la relation parce que Boué passait son temps à me rabaisser devant notre entourage, tout ça parce qu'il ne se trouvait pas à la hauteur de monsieur Brooke. Cela le perturbait parce que je m'étais investie dans la relation, et j'ai monté des projets avec les économies que monsieur Brooke m'avait laissées. Mais Boué n'était pas à la hauteur, il n'a pas pu gérer l'argent, on s'est retrouvé à la ruine.

SECRET DÉVOILÉ

Monsieur Brooke me retira du business, Boué avait gaspillé mes économies et j'étais très déçue de lui. En plus de cela, il était enragé pour son échec et rejetait la faute sur certains aspects que je ne comprenais pas. Angela nous appela pour nous dire que Brigitte était malade et nous demanda de l'aide. Quand nous sommes arrivées à l'hôpital, on nous expliqua qu'elle a failli faire une overdose à une substance. Angela jura qu'elle ne touchait pas à ces bêtises. Les parents de Brigitte arrivèrent à l'hôpital, et quelle fut notre surprise de découvrir que Brigitte appartenait à l'une des familles les plus aisées du pays. Alors Alima et moi nous sommes demandées ce qu'Angela faisait chez Brigitte puisqu'elle avait même déménagé à son appartement.

Soudain arriva la femme de Tips à l'hôpital, mais Alima était déjà partie. Quant à moi, je me suis enfuie dans les toilettes, mais elle ne tarda pas à rejoindre en me demandant pourquoi je fuyais. Elle continua en me disant qu'elle savait que ce n'était pas moi qui sortais avec son mari, mais ma copine. Tout à coup, elle se mit à pleurer en déclarant qu'Alima la narguait tous les jours parce qu'elle était vieille. Elle désirait tellement donner un fils à son mari, mais ce dernier ne dormait plus à la maison. Quand elle l'appelait, c'est Alima qui décrochait en lui disant qu'il était chez elle et qu'il fallait qu'elle arrête de l'appeler. Elle poursuivit en disant que Tips lui avait demandé d'accepter sa relation avec Alima.

J'étais étonnée de mon amie Alima parce que je ne la croyais pas capable de cela. Je me promis de lui en parler. J'en parlai d'abord à Angela qui me raconta que c'était sûrement la voyante qui montait Alima à cause de l'argent, parce qu'elle ne partait plus chez elle, mais plutôt chez un monsieur. J'étais en colère contre les filles à cause de leurs histoires de charlatanisme qui tournaient à la manipulation. J'ai persisté à dire à Alima de modérer son comportement avec la femme de Tips. Quand elle me disait ne pas avoir de problèmes, elle en avait en réalité. Son obsession était de réussir coûte que coûte, et elle était obligée de vivre ainsi. Elle était en train de se réaliser et était fière d'être la deuxième femme. Pour finir, elle m'a annoncé que Tips et elles partaient en vacances en France et que cette fois, elle irait avec celui qu'elle aime.

Quant à moi, je me suis dit que je ferais mieux de me

débarrasser de Boué, car si jamais il m'annonce qu'il veut me marier, ma vie serait tout simplement ruinée. Il me rabaisse et me colle des faits dont je ne suis pas coupable pour me faire du mal.

Alima était partie en France pour trois mois. Pendant son absence, Angela semblait avoir changé depuis l'over-dose de Brigitte. Je suis allée saluer Brigitte chez elle, où elle vivait avec Angela, mais elle ne paraissait pas bien et devenait de plus en plus maigre. J'avais l'impression que les deux filles me cachaient des choses, mais pour ma part, j'ai toujours appris à Angela qu'on ne dénigre jamais les personnes avec qui on a été ou avec qui on a marché, car préserver l'intimité des gens nous protège de beaucoup de dégâts.

Pendant que j'étais chez Angela et Brigitte, monsieur Brooke m'appela pour me dire qu'il était à Abidjan. Angela me fit alors savoir qu'elle avait besoin d'argent et me suppliait de lui en donner si jamais monsieur Brooke m'en remettait. Pourtant, elles passaient leur temps, elle et Alima, à dire que monsieur Brooke me prenait ma chance et qu'à chaque fois que je le rencontrais, je tombais malade. Effectivement, à chaque fois que monsieur Brooke revenait dans ma vie, je tombais malade de maladies indé-terminées qui me faisaient dépenser beaucoup d'argent. Cependant, il me donnait beaucoup d'argent et je ne manquais de rien avec lui. Cela me mettait en colère contre Angela, car je savais qu'elle organisait ces manigances avec monsieur Brooke contre ma relation avec Maxime.

Angela m'avoua qu'elle avait agi ainsi parce qu'elle ne voulait pas que je parte, la laissant seule ici. Elle n'avait pas de famille à part moi, et elle souffrait énormément malgré nos disputes incessantes. J'étais toujours présente pour elle, contrairement à sa mère vivante qui trouvait toujours des aspects négatifs dans sa vie.

Ensuite, Brigitte me confia qu'Angela récupérait l'argent de son père à chaque fin de mois. J'étais choquée par cette révélation. Je lui ai demandé pourquoi elle me demandait de l'argent alors. Brigitte m'avoua qu'Angela se droguait et qu'elle était très inquiète pour elle. Cette révélation me poussa à me fâcher profondément contre Angela.

J'ai été rendre visite à monsieur Brooke alors qu'Angela me promettait qu'elle allait changer et qu'elle allait bientôt obtenir une grosse somme d'argent. Je lui ai fait comprendre qu'elle ne vivait pas pour moi, mais pour un avenir où elle pourrait peut-être s'occuper de son enfant, comme ses parents n'ont pas pu le faire. C'est pour cela que nous nous battons dans la vie.

Je jonglais entre Boué et monsieur Brooke, car je cherchais stabilité et mariage. Mais je crois que j'aimais réellement monsieur Brooke. J'avais l'impression que Boué le savait, car il se sentait incapable de me satisfaire, ce qu'il ne comprenait pas. Monsieur Brooke m'avait déjà montré la valeur de l'argent et les marques. Ainsi la richesse n'avait plus d'importance à mes yeux.

Je voyais Brigitte et Angela coucher avec des hommes pour être vues partout et aspirer à devenir des stars et à séduire des hommes influents. Alima quant à elle cherchait à réussir en Europe et se battait avec le mari d'une dame qui se battait pour sauver son foyer.

De mon côté, je devais supporter le manque de confiance de Boué, qui ternissait mon nom auprès de mon entourage. Malgré tout, il restait toujours avec moi, car il voulait que je lui appartienne complètement. Il me dénigrait et racontait que je désirais des produits de grandes marques et qu'il devait se donner du mal pour me les acheter, alors que je n'en avais pas besoin.

J'étais allée voir monsieur Brooke quand il est venu, et il m'a avoué qu'il était venu avec sa femme. Monsieur Brooke ne savait pas que je savais qu'il était marié. Il m'a raconté son parcours : il venait d'une famille riche et était obligé de se marier. Il avait des enfants et voulait être franc et clair avec moi.

En réalité, monsieur Brooke me surveillait toujours, mais j'ai commencé à être plus astucieuse. Si je ne pouvais pas avoir monsieur Brooke, je pouvais quand même avoir une vie meilleure. La société d'Abidjan avait fait faillite, et il voulait que je la prenne en main. J'ai alors appelé mes amis et leur ai demandé d'investir avec moi sur plusieurs projets. Angela attendait son argent, et j'étais contente à l'idée qu'elle puisse enfin travailler normalement au lieu de chercher de l'argent facile chez les hommes. Alima était également partante, car elle réalisait qu'elle n'aurait pas un bon avenir avec Tips.

Je me suis donc mise en marche avec monsieur Brooke, cherchant à mon tour un intérêt, plutôt celui de réussir dans le travail. J'ai organisé des rencontres pour développer l'entreprise et ai inclus mes deux amies dans l'aventure en tant qu'actionnaires. Je me renseignais partout, mais je suis tombée malade, très malade, à tel point que je ne pouvais même plus bouger un doigt. C'est Boué qui m'aidait, et ma mère était à mes côtés. Lorsque monsieur Brooke venait, il passait en l'absence de Boué, remettre l'argent.

Alima est rentrée à Abidjan et est venue me voir en me disant qu'elle avait rencontré un jeune homme très bien et qu'elle envisageait de quitter Tips. Quant à Angela, on ne savait pas où elle était, elle m'écrivait tout le temps en me disant qu'elle allait bien.

Je voulais vraiment voir mon amie, mais je n'arrivais

pas à sortir, car l'hôpital m'en empêchait. J'ai appris que Brigitte était décédée. Bon Dieu ! L'hôpital me demandait de ne pas sortir, mais Alima et moi avions quand même décidé d'aller voir notre amie. Boué ne voulait pas que je parte, il était toujours présent pour moi. Alima et moi avions convaincu Angela de venir aussi. Elle était devenue maigre, probablement à cause du chagrin de la mort de Brigitte. Alima lui disait que la mort de Brigitte était le résultat de leurs bêtises. Malgré sa famille riche, Brigitte aurait dû arrêter ses agissements.

Angela était énervée et se demandait pourquoi je ne laissais pas monsieur Brooke, malgré le fait que la voyante avait dit qu'il volait ma chance. Elle était fatiguée que je l'aide toujours quand c'était difficile. Alima lui a fait comprendre que tout l'argent qu'elle gagnait était gâché à la fin, car l'argent mal acquis est toujours éphémère.

Après cela, on a évoqué le passé et Alima m'a montré une autre image d'Angela. Elle était même sortie avec Cheick, mon ex-copain brouteur. Au lieu de me fâcher, j'ai ri. Elles étaient étonnées de ma réaction et je leur ai demandé si Angela avait aimé son sexe. Elle a répondu que c'était nul et on s'est toutes mises à rire. Puis on a parlé d'Ismaël et on s'est disputé sur ses performances sexuelles. On a fini par rire ensemble.

On a décidé que rien ne nous séparera, mais on a

insisté pour qu'Angela arrête la drogue. Nous l'aimions trop pour la laisser tomber à cause d'un homme. Finalement, Angela a quitté la maison de Brigitte et nous avons décidé de l'envoyer à la Croix-Bleue pour se désintoxiquer. Elle nous a promis qu'elle ne se droguait pas, mais qu'elle se sentait plutôt mal.

Alima, quant à elle, avait fui Tips pour se réfugier dans un hôtel en France. Son désir de rester en France était motivé par la fatigue de supporter Tips. Monsieur Brooke m'a appelé pour me demander de ses nouvelles, mais je lui ai répondu que je n'en savais rien. Nous avions mis en place un plan et Alima avait rejoint un de mes amis d'enfance, Alexis, avec qui j'avais fréquenté l'école. Il était parti en France et nous étions restés en contact via les réseaux sociaux. Cependant, Alima se trouvait en situation irrégulière, donc nous essayions de lui trouver une solution pour obtenir des papiers. Elle avait enfin réalisé son rêve de rester en France.

Quant à Angela, elle se portait très bien et avait trouvé un travail. Pendant ce temps, je continuais à passer du temps à l'hôpital avec Boué, mais je menais une vie normale par ailleurs. Je parlais toujours avec monsieur Brooke, mais à un moment donné, j'avais commencé à croire aux bêtises des filles qui disaient que monsieur Brooke me volait ma chance. Un jour, j'ai rencontré un homme, monsieur Arthur, à la salle de sport. Il m'a invité à manger, et j'ai menti à Boué en lui disant que j'étais à l'hôpital. Monsieur Arthur était plus âgé et mature, nous avons continué à nous fréquenter, car monsieur Brooke avait l'habitude de disparaître, et étrangement, quand il disparaissait, je ne tombais plus malade. Cependant, dès qu'il m'envoyait un simple message, je retombais malade. Malgré tout, monsieur Arthur me plaisait bien et était attentionné malgré son emploi du temps chargé.

Je connaissais le comportement de Boué quand il me trouvait absente, il commençait à raconter des bêtises. Mais je n'avais aucune intention de laisser Boué, car il était toujours présent pour moi et me protégeait. J'étais seule, mais je me fichais des bêtises qu'il pouvait raconter, car je savais qu'il était protecteur envers moi.

Un jour, au travail, monsieur Arthur m'a envoyé une montre en diamant. D'après lui, depuis qu'il était ami avec moi, ses affaires marchaient bien. Il me donnait d'importantes sommes d'argent sans me demander quoi que ce soit en retour. J'ai ensuite alerté Angela à ce sujet, et elle m'a dit que la fameuse voyante leur avait dit que j'étais chanceuse. Elle me recommanda de ne plus lui parler. Cependant, cela m'importait peu, car je ne lui demandais rien et il me donnait des choses de lui-même. Que devrais-je faire ?

Alima était heureuse et nous a annoncé qu'elle était enceinte. Quant à monsieur Brooke, il était de retour et j'avais tellement envie de le revoir. Il m'a invitée au Maroc, et j'y suis allée. Malheureusement, je n'ai pas pu le voir, car il me fit savoir que sa femme, prénommée Nathalie, venait d'accoucher.

Pendant ce séjour, j'ai rencontré une jeune femme d'origine camerounaise. Elle avait des difficultés avec ses papiers, et apparemment, il se disait que les jeunes filles africaines se retrouvaient dans des maisons closes à Marrakech. Son histoire était surprenante. J'ai demandé à monsieur Brooke de nous aider, et il nous a permis de rentrer à Abidjan.

Quand nous sommes arrivées, elle m'a remercié, et nous avons échangé nos numéros. Je l'ai ensuite invitée avec Angela, et nous sommes devenues amies. Elle ressemblait beaucoup à Angela, avec le même comportement. Elles ont commencé à se fréquenter davantage que moi-même. Cependant, je suis encore tombée gravement malade.

Un jour, j'étais malade et je suis allée voir la jeune fille rencontrée au Maroc. Quand je suis arrivée, j'ai eu l'impression qu'elle avait de la salive blanche dans la bouche. Elle me dit que si je continuais avec monsieur Brooke, il allait me tuer, et j'étais étonnée. Je lui ai rappelé que c'est monsieur Brooke qui lui avait sauvé la vie, et maintenant elle s'associait avec Angela dans ses bêtises de charlatante. Ses parents priaient, mais elle suivait Angela dans ses bêtises. Angela me fit savoir qu'elle n'y était pour rien dans tout ça.

Je dis à la jeune fille qu'elle bavait quand elle parlait et je lui fis remarquer qu'elle consommait sûrement de la drogue. Angela renchérit en lui disant que si elle n'arrêtait pas, la drogue allait la tuer. C'était très étonnant.

Angela lui demanda ensuite de partir de chez elle, car elle avait rangé sa vie et travaillait de manière honorable. La seule chose qu'elle n'avait pas laissée, c'étaient les charlatans, car cela faisait partie de sa culture. La jeune fille partit et j'étais très contente pour mon amie.

J'étais très malade quand Alima m'a appelée en larmes. Je lui ai demandé quel était son problème, et elle m'a dit que son copain l'avait demandée en mariage. On leur avait recommandé d'attendre qu'elle accouche avant de célébrer le mariage. Nous étions toutes joyeuses, et avions remercié Dieu de pouvoir nous marier dans le groupe. En ce qui me concerne, cela fait depuis un moment que j'attendais que Boué me demande en mariage, mais rien ne se passait.

Pendant que j'étais en communication avec Alima, je ne me sentais pas bien, je respirais très mal, j'étais trop malade. Je pensais que j'allais mourir. On me détectait toutes sortes de maladies. J'étais affreusement faible.

Un jour, j'étais chez ma mère lorsque la jeune fille du Maroc est venue s'excuser et m'a donné un remède en provenance du Cameroun, un remède de grand-mère qui devait m'aider. J'ai bu ce remède et je me suis endormie. Lorsque je me suis réveillée, j'ai entendu Angela en plein échange avec Alima parler de la personne qui m'avait donné le remède. Elles la traitaient de sorcière et disaient qu'elle avait disparu après m'avoir donné le remède. Je me suis mise à rire, parce que je connaissais la dame en question. Boué et Angela étaient là, et mon meilleur ami Alexis, avec qui j'avais fait l'école, était revenu de voyage et me cherchait.

Quand j'ai ouvert les yeux, ils se sont précipités pour me faire des accolades. Je ne voyais pas la jeune fille et j'ai demandé après elle. Angela m'a dit qu'elle m'avait empoisonnée et qu'il ne fallait pas se préoccuper d'elle. Puis, elle a disparu en disant qu'elle informerait mon père. Les parents ne savent jamais ce qui se passe entre les enfants, il n'y a aucun contrôle. C'est ce que Angela reprochait à sa mère et c'est pourquoi elle lui en voulait.

Quand je me suis réveillée, ils m'ont dit que j'étais déjà dans le coma depuis un mois. Tous mes amis étaient présents, et il paraît que monsieur Brooke était venu, mais

Angela a géré la situation. Il a laissé une grosse somme pour l'hôpital. Connaissant Angela, elle a dû s'acheter de nouveaux vêtements et extensions de cheveux avec cet argent. Je lui ai demandé, et elle s'est mise à rire en me disant que je ne devais pas prendre l'argent de monsieur Brooke sinon j'allais mourir. Elle me fit comprendre qu'avec cet argent, elle nous avait trouvé un nouvel appartement dans le quartier du Plateau.

J'ai appelé Alima, qui s'est mise à rire à cause de la folie des grandeurs d'Angela. Monsieur Brooke avait donné une importante somme parce qu'Angela voulait être vue dans les grands endroits sur les réseaux sociaux. J'étais en colère contre elle et j'ai appelé monsieur Brooke, qui était content de me parler. Il m'informa qu'il m'avait acheté une maison dans le quartier du Plateau, et elle était en mon nom. C'était mon anniversaire dans neuf mois, mais c'était mon cadeau en avance. J'étais très heureuse.

Alima, Angela et moi avions décidé de fêter mon anniversaire à Agadir, sur un yacht, pour célébrer ma résurrection, comme elles disaient. Nous espérions qu'Alima aurait les papiers, car elle avait rencontré quelqu'un, un ami d'Alexis, avec qui elle s'entendait bien.

C'était le beau temps, mais je tombais régulièrement malade. Comme d'habitude, Boué était là pour moi, et je faisais des histoires avec Alima, mais je l'adorais beaucoup. Alima était enceinte, et nous allions avoir un bébé dans la famille, quelle joie ! Tout ce que nous voulions, c'était que notre nouveau bébé ne vive pas ce que nous avons vécu, car mine de rien, Boué n'était pas assez stable financièrement.

Je parlais avec monsieur Brooke parce qu'il me donnait de l'argent. Alima m'a avertie du mariage, et nous devions faire les préparatifs. La famille de son chéri viendrait à Abidjan pour la reconnaissance du bébé.

Angela était dans un autre groupe d'amis que j'ignorais. Elle disait que c'étaient ses amis d'école. Pour ma part, ma vie était centrée autour de l'hôpital, de la maison et du travail, et Boué avait parfois des accès de jalousie envers Alexis, qui venait de s'installer. Il voulait être mon seul ami, et sa technique favorite était de me traiter de tous les noms dès qu'il voyait une nouvelle personne entrer dans ma vie.

Un jour, Alexis m'a dit : « Darcy, je ne te connais pas autant que Boué te connaît. » Heureusement, j'avais Angela pour me défendre, car il était impossible d'arrêter Boué dans sa bêtise et sa jalousie.

Alima m'a appelé en pleurant, je me suis demandé ce qui se passait. « Alima, que se passe-t-il ? » lui ai-je demandé. Elle m'a répondu : « Darcy, mon chéri est le demi-frère de la femme de Tips. Seigneur, nous sommes fichues ! Elle a gâché mon nom chez mon chéri, elle m'a traitée de pute. Eh oui, c'étaient les retombées de notre bêtise, Alima en payait le prix ! »

Nous étions toutes les deux en pleurs. Elle devait se marier, elle devait accoucher de ma nièce, et nous avions prévu d'aller à Agadir pour fêter mon anniversaire. J'étais très mal à l'aise, elle pleurait et en plus, elle était enceinte. Je voulais aller là-bas pour la consoler.

J'ai couru chez Angela et je l'ai surprise avec Alexis. « Pourquoi ne m'avez-vous pas dit que vous étiez ensemble ? » lui ai-je demandé. J'étais fâchée contre Alexis parce que je ne voulais pas qu'il fasse du mal à Angela. J'étais en colère et j'ai expliqué à Alexis qu'il devrait accepter le passé d'Angela et lui pardonner, comme cela s'est produit pour Alima. Mais Angela m'a bloquée sur tous les réseaux sociaux et ne me parlait plus. Elle m'accusait de vouloir gâcher son bonheur parce que je n'étais pas heureuse avec Boué.

Je tombais malade quand monsieur Brooke me remettait de l'argent, tandis qu'Angela menait sa vie sans se soucier de moi. Alima avait également des problèmes de son côté. Je faisais mes papiers pour aller la voir en France, car mon amie n'allait pas bien et je ne savais plus quoi faire. Pendant ce temps, Angela me boudait, mais Boué était content, car j'étais à lui seul.

Je passais mon temps à parler avec monsieur Brooke pour qu'il dissuade la femme de Tips. Finalement, je suis allée la voir et je l'ai suppliée pour Alima. Elle m'a répondu qu'elle m'avait parlé, mais je n'avais pas conseillé mon amie. Le copain d'Alima ne lui parlait plus. Tips était fâché contre Alima pour sa fuite, disant qu'il n'avait pas son mot à dire et qu'on devrait se gérer.

———————————————

1. C'est une pratique qui consiste à faire l'éloge d'une personne dans le but d'obtenir des faveurs de sa part. Elle est très courante dans le monde du showbiz africain.
2. Se dit d'une personne qui s'occupe avec grand intérêt de ce qui se passe dans la vie des autres, pour alimenter les conversations avec ses ami.e.s.
3. Être en froid après une dispute ou un désaccord sur une situation.

6

LA MORT D'ANGELA ET D'ALIMA

Alima était tombée dans une dépression malgré son état de grossesse. Mon visa pour la France n'avait pas encore été délivré, mais elle me parlait tous les jours. Je m'arrangeais pour que mon amie sache qu'il y avait quelqu'un avec elle qui la soutenait malgré son mal. Les mots d'Alima étaient : « Darcy, c'est mon retour de karma. J'ai fatigué cette dame et son mari parce que je n'avais pas d'argent. Je cherchais une porte de sortie, ce n'était pas ma faute. Tout ce que j'ai fait, du maraboutage aux injures à la dame, je le paie aujourd'hui. Je pensais avoir un bon avenir avec cet homme que j'aime. Je lui ai donné tout l'argent du magasin, Darcy, mes écono-mies. Je ne te l'ai pas dit, je te le dis ici, en Europe, c'est difficile, mais je voulais un bon avenir pour mes enfants à venir. »

La vie en Afrique, surtout dans la capitale, est pénible. Nous avons eu un problème de réseau et le lendemain, j'ai reçu un appel d'Alexis qui me disait : « Darcy, tiens-toi bien assise. Alima est morte. »

J'ai en voulu au monde entier, pensant qu'il plaisantait. J'étais encore plongée dans mes histoires d'hôpital à n'en plus finir quand j'ai vu Angela arriver vers moi en pleurs. Elle me dit : « Darcy, Alima nous a quittées. » Je n'en revenais pas. Je voulais voir Alima. Nous nous sommes rencontrées au Bénin il y a longtemps. C'était une belle âme, c'était mon amie. Elle n'était pas exubérante comme Angela, mais c'était ma préférée. Nous faisions des histoires ensemble. C'était une belle âme.

J'ai passé deux mois sans parler. La famille d'Alima était au courant. Nous avons fait revenir le corps de mon amie sans papiers. Retour en Afrique, rêve réalisé. Elle s'était battue pour y rester, jusqu'à fuir dans la main de son gourou. Ma belle Alima, celle qui me consolait quand j'allais mal, était morte. Elle n'existait plus, son corps était intact. Elle avait accouché d'un beau garçon, et nous devions décider de son sort.

Nous avons enterré Alima. J'ai eu l'impression que ma vie n'avait plus de sens. Je pensais qu'on souffrait pour réussir, mais hélas, on peut aussi souffrir et mourir, tous ces sacrifices pour rien. Alexis, quant à lui, me disait qu'Angela avait repris avec son ex basé au Canada et qu'il l'avait surprise lui envoyant de l'argent. J'ai appelé Angela pour lui poser des questions sur l'argent de son père et son travail, mais elle me fit comprendre qu'elle n'avait pas de comptes à me rendre. J'étais dans une situation où je n'arrivais pas à me retrouver.

Boué était avec moi, mais monsieur Brooke est revenu me consoler lorsque j'ai appris que l'enfant d'Alima resterait avec Tips et que la femme de Tips garderait le garçon, car elle n'avait pas de fils. J'ai été choquée et me suis évanouie sur-le-champ. Cette nouvelle signifiait que mon neveu allait rester sous leur garde, bien que je déteste le copain d'Alima, j'ai réalisé que je devais m'allier à lui pour ne pas perdre le contact avec mon neveu.

J'ai essayé de voir la femme de Tips, mais elle m'a mise hors de sa maison, et je n'ai pas pu voir mon neveu. Je me sentais désemparée, comme si notre malheur revenait encore plus fort. J'ai alors décidé de me retirer de la vie de monsieur Brooke et de poursuivre ma vie avec Boué. Cependant, ce qui est plus étrange, c'est que monsieur Arthur était toujours dans les parages et me remettait d'importantes sommes d'argent sans que je ne lui demande quoi que ce soit.

Eh oui, je m'étais retirée de la vie d'Angela, car je ne comprenais rien à ses fréquentations. Elle voulait tellement paraître et prouver qu'elle pouvait s'intégrer dans la société que je ne la reconnaissais plus.

Boué était mon ami avec qui je faisais tout, nous étions inséparables. Il était content à l'idée que je n'aie plus personne d'autre dans ma vie. Tout était perturbé dans ma vie depuis le départ d'Alima, les choses semblaient au ralenti. J'ai pris la décision de laisser monsieur Brooke, car cela ne mènerait à rien, et je tombais malade régulièrement. Je commençais à croire que les filles avaient raison concernant ma santé et ma relation avec monsieur Brooke.

J'ai décidé de me débarrasser de tout ce qui le concernait, y compris les accessoires de luxe, et j'ai pris la résolution de ne plus me laisser dominer. Je me suis concentrée sur mon travail, cherchant à gagner ma vie, et j'ai choisi de faire ma vie avec Boué. Cependant, Boué semblait toujours confronté à des problèmes financiers, et je devais l'aider à chaque fois. Heureusement, monsieur Arthur me donnait de l'argent pour faire face à ces situations.

J'ai réalisé que je pouvais avoir des amis, mais pas de jeune mari. Chaque fois que je rencontrais de jeunes hommes, j'avais l'impression que je devais les aider ou m'investir dans leur vie. J'ai alors décidé de voir cette fameuse voyante dont les filles me parlaient.

J'ai appelé Angela et elle était toute contente. Nous sommes allées voir la voyante. Quand elle m'a vue, elle est tombée en transe et cela m'a effrayée, alors je me suis enfuie de la salle. La dame nous faisait comprendre que j'étais venue pour Alima et non pour moi. Elle semblait dire que ma destinée était d'aider les gens, que toute ma vie serait ponctuée d'étapes et que je devrais encore perdre des personnes chères. Je ne comprenais pas vraiment le sens de ses paroles.

Ensuite, Angela m'expliqua que la dame disait que je suis née pour protéger les gens et que je suis comme elle. Elle m'encouragea à faire des consultations qui pourraient aider les personnes à s'améliorer, même si je ne suis pas voyante.

J'étais perplexe face à ces paroles, mais je me suis mise à réfléchir sérieusement à ce qu'elles signifiaient pour moi. Peut-être devrais-je explorer cette voie et voir comment je pourrais aider les autres d'une manière différente. Cela pourrait être une nouvelle direction pour ma vie.

J'étais un peu énervée en entendant Angela me raconter des bêtises. Je lui ai dit que je ne contrôlais plus son entourage et que je ne les connaissais pas. Je ne savais pas avec qui elle traînait depuis le décès d'Alima. Je me sentais perdue et bouleversée, à peine si je mangeais. Tout allait mal et ses paroles sur le fait que je pourrais encore perdre un être cher ne m'aidaient en rien.

Après notre échange, j'ai laissé Angela avec sa dame et je suis rentrée chez moi, laissant mes pensées vagabonder. Je me suis retrouvée dans un mélange d'émotions, ne sachant pas trop comment gérer la situation. J'avais besoin de temps pour réfléchir et trouver un nouvel équilibre dans ma vie, car il était évident que les choses n'étaient plus comme avant.

Angela est venue me retrouver et je lui ai demandé d'arrêter de voir la dame. Je lui ai fait comprendre que la mort d'Alima m'avait plongée dans une dépression, et que je devais revenir sur terre. J'ai réalisé que Alima ne reviendrait jamais, elle a été enterrée et je devais apprendre à faire face à sa perte.

Angela continuait dans ses délires avec ses nouveaux amis, elle semblait instable financièrement, tantôt elle avait de l'argent, tantôt elle n'en avait pas. Cela me préoccupait et je souhaitais qu'elle trouve un chemin plus stable et équilibré dans sa vie.

Je me sentais encore déstabilisée par tout ce qui s'était passé et j'avais du mal à accepter toutes ces nouvelles réalités qui avaient chamboulé mon existence. Je savais que je devais prendre du recul et trouver la force pour continuer à avancer malgré les épreuves.

Monsieur Brooke est revenu, et je lui ai annoncé que je voulais mettre fin à notre relation. J'aspirais à travailler et avoir une vie plus noble, et il m'a promis de m'aider dans toutes les circonstances. J'ai alors appelé Angela pour lui annoncer ma décision, et elle m'a soutenue en me disant que j'avais fait le meilleur choix.

Ensuite, je suis allé à l'église voir le prêtre Batimet pour lui annoncer le décès d'Alima. Il m'a conseillé de prier, quelle que soit la situation, même si je sentais que je trahissais Dieu en ne suivant pas ses commandements. Ses paroles m'ont apaisée, et j'ai passé mon temps à prier pour trouver la paix et la direction dans ma vie.

Quelques jours plus tard, Angela m'a écrit en disant qu'elle reconnaissait qu'elle m'avait déçu à bien des égards depuis que nous étions amies. Elle expliquait qu'elle était fatiguée de nous voir Alima et moi à l'aise financièrement et faire des voyages. Elle voulait être plus autonome en payant elle-même son loyer et ne plus dépendre de moi pour ses besoins.

Elle poursuivit en ces termes : « Je ressens un manque d'affection que je n'arrive pas à combler. J'ai l'impression que les gens ne m'aiment pas réellement et ne s'intéressent qu'à mon argent. J'ai tout fait pour avoir de l'argent dans ma vie, mais je finis par le dépenser dans des choses inutiles pour plaire à ceux qui m'entourent. Malgré toutes les querelles et les coups bas, je crois qu'il est important de rester soudées. Maintenant que tu es malade, je vais passer te voir pour te montrer que je vais changer. Je voyage avec des amis, mais je vais faire un effort pour être plus présente pour toi et t'aider comme tu en as besoin. Je veux prouver que je peux être une amie sincère et que mon affection pour toi va au-delà de l'argent et des apparences. Je vais travailler sur moi-même pour devenir une meilleure personne et construire une relation plus authentique avec toi. »

Je lui ai répondu que j'avais bien reçu ton message. Je lui ai ensuite recommandé de se mettre à la prière, car j'estimais que cela pourrait être un moyen d'apaisement pour elle. Elle a répondu avec des rires en ces termes : « Je suis Africaine et fière de l'être, ne t'en fais pas, ça me réussit. J'ai été éduquée dans la tradition africaine. »

Je lui dis ensuite que c'était bien qu'elle soit fière de ses racines africaines, mais la prière pouvait être une source de réconfort et de sérénité, peu importe nos origines. Je lui ai demandé de prendre soin d'elle et de ne pas hésiter à m'appeler si elle avait besoin de parler. Après tout, nous sommes là pour nous soutenir mutuellement, peu importe nos différences culturelles.

Je me remettais de ces maladies à n'en plus finir avec Boué à mes côtés, jusqu'au moment où je n'avais plus de nouvelles d'Angela. Une épidémie avait frappé la capitale et nous étions tous contaminés. J'ai passé mon temps à chercher Angela, mais je ne la voyais que dans mes rêves, pas dans la vie réelle. Le propriétaire de son appartement m'annonça qu'elle avait voyagé. J'ai alors appelé Alexis, qui m'a fait savoir qu'elle lui avait dit qu'elle était partie rejoindre son copain.

J'ai ensuite contacté la nièce de Tips, qui m'a fait comprendre qu'Angela avait déménagé dans un autre appartement. J'y suis allé avec Alexis, et le voisin nous informa qu'Angela était partie avec un homme depuis deux mois.

Après avoir perdu Alima, j'étais inquiète et je ne voyais plus Angela. Je ne dormais plus jusqu'à ce que je la voie sur les réseaux sociaux, dans les vlogs avec des amies de Brigitte, décédée. Ces filles n'avaient pas bonne réputation, elles tenaient des magasins sans clients et pourtant faisaient des chiffres d'affaires énormes. Alima avait ouvert son magasin auprès d'elles avant de partir pour l'Europe. Ces filles ne recevaient pas de clients, mais elles exhibaient des objets de luxe sur les réseaux sociaux.

Alexis est venu me faire part du fait qu'Angela était impliquée dans un grand réseau et qu'elle s'éloignait de moi pour que je ne sache pas ce qui se passait. Elle estimait que je l'empêchais d'être heureuse. La dernière photo que j'ai vue d'Angela, c'était dans un avion sur les réseaux sociaux. Elle était devenue une sorte de star, mais la ville racontait qu'elle vendait de la drogue. Je n'ai pas connu Angela comme ça, et cela me faisait tellement mal de la voir ainsi.

Je suis allée à son appartement, mais elle n'était toujours pas là. Pendant que je sortais, la nièce de Tips m'a appelé et m'a fait comprendre qu'Angela était chez elle et qu'elle l'avait envoyée à l'hôpital.

Je me suis précipitée à l'hôpital avec Alexis, mais on nous a annoncé que c'était trop tard. Angela était décédée à la suite d'une overdose. Apparemment, elle avait transporté de la drogue dans son estomac et cela avait provoqué une catastrophe. Rien ne paraissait normal pour moi. J'ai appelé sa famille, mais sa mère m'a fait comprendre qu'Angela ne lui parlait plus parce qu'elle lui donnait trop de conseils.

C'était un choc pour moi d'apprendre cette nouvelle. Je me sentais impuissante face à tout ce qui se passait dans la vie d'Angela. Son destin avait pris un tournant sombre et cela me déchirait le cœur. Malgré nos différends, je ne souhaitais jamais une fin aussi tragique pour mon amie. J'ai pleuré son départ et j'ai prié pour que son âme trouve la paix.

La nièce de Tips était bouleversée et se demandait où

étaient les amies stars avec qui Angela partait dans des endroits chics ? Personne n'était présent. Les réseaux sociaux étaient scandalisés par la nouvelle, mais personne ne savait vraiment la vérité. On voyait des statuts concernant Angela, beaucoup de rumeurs circulaient, mais la réalité était qu'Angela était décédée d'une overdose. La nièce de Tips et moi avions décidé de garder le silence et de ne parler à personne de cette tragédie. La perte d'Angela avait un impact sur nous, mais nous voulions respecter sa mémoire en préservant les détails de cette situation délicate. Nous ne voulions pas contribuer aux spéculations et aux rumeurs qui se répandaient sur les réseaux sociaux. Nous préférions garder en nous le souvenir de notre amie telle qu'elle était, avant que son chemin ne prenne une tournure sombre.

J'avais sombré dans la dépression, mais je cachais bien mes émotions aux yeux des autres. Seule la nièce de Tips, chez qui je me réfugiais, pouvait me réconforter et m'aider à tenir le coup. La dépression me consumait de l'intérieur, chaque réveil était marqué par des pensées d'échec et de désespoir.

Malgré les tentatives des autres de me parler et m'apporter du réconfort, je pensais à mes copines qui avaient choisi un chemin de vie destructeur. Je ne pouvais m'empêcher de penser à elles, me demandant pourquoi certaines personnes semblaient condamnées à souffrir et à faire de mauvais choix. Cette situation me plongeait dans une profonde détresse, et j'avais du mal à trouver une issue positive à mon propre mal-être. Les paroles réconfortantes de mes proches semblaient inefficaces face à l'ampleur de mes tourments intérieurs. Je me sentais désemparée et cherchais désespérément un moyen de sortir de cette spirale négative.

Désespérée par ce que je percevais comme un échec dans ma vie, je pris la décision de consulter un psychologue pour obtenir de l'aide. Je me sentais coupable et décidai de travailler dur pour gagner ma vie. Boué, toujours à mes côtés, m'accompagnait dans ces moments tristes et me conseilla de garder mon sombre passé secret, pour préserver mon bien-être.

Dans cette période difficile, la nièce de Tips était présente pour moi, même si on ne se voyait pas toujours physiquement. Elle m'écoutait, me réconfortait et m'offrait un espace pour exprimer mes émotions.

Un soir, je rencontrai la jeune fille rencontrée au Maroc, qui s'excusa pour ses actes passés. Je remarquai un changement en elle, qui me révéla être entrée dans une église et avoir trouvé guérison et apaisement pour son âme. Elle m'expliqua que la prière pouvait m'aider à me débarrasser de toute obscurité et retrouver la paix intérieure. Cette révélation me fit réfléchir sur mon propre cheminement spirituel et sur la manière dont je pouvais trouver la sérénité.

Alors que j'avais commencé à m'adonner à la prière, monsieur Brooke réapparut dans ma vie. Bien que je fusse avec Boué, qui était celui qui pouvait me comprendre, mon cœur était encore attaché à monsieur Brooke, et je finis par laisser Boué sans lui dire. Cependant, monsieur Arthur vint me demander en mariage, mais dans mon cœur, je souhaitais toujours être avec monsieur Brooke.

Alors que j'étais dans ma relation avec Arthur dont j'avais accepté la demande en mariage, monsieur Brooke réapparut et me proposa un voyage. Je cédai à la tentation et partis en cachette en voyage avec lui. Après avoir fait l'amour avec monsieur Brooke, je me rendis compte que je revenais dans mon passé et je pensais à Angela et Alima qui me disaient souvent que je ruinais ma vie en restant avec monsieur Brooke, qui ne pensait qu'à lui-même.

Ce soir-là, après avoir prié avant de dormir, monsieur Brooke ne me toucha pas et me demanda pour la première fois de partir. Il me dit que nos esprits n'étaient pas compatibles, et il voulait que je parte sinon il allait me faire partir de force. C'était la première fois qu'il me demandait de partir sans rien me donner.

Je décidai alors de consulter la voyante d'Angela, mais

elle n'était plus au même endroit. Je me tournai donc vers le pasteur de l'église de la jeune fille du Maroc, qui me tint les mêmes discours que la voyante d'Angela. Finalement, je me mariai avec monsieur Arthur et nous partîmes vivre à l'étranger. Je fus soulagée de découvrir qu'en faisant l'amour avec lui, cela m'épargnait de la douleur des frasques de la vie.

Printed in Great Britain
by Amazon